KB119982

한 번은
불러보았다

조센징
쪽발이
뒤쿠

한 번은 불러보았다

짱깨부터
똥남아까지,
근현대 한국인의
인종차별과
멸칭의 역사

파퀴벌레
삐노
방구
흑형
깜둥아
와노자
게슬람
좆센족

정회옥 지음

위즈덤하우스

K의 시대에 드리운 'K-인종주의'의 그림자

_____ 박노자 · 오슬로대 인문학부 교수, 《당신이 몰랐던 K》 저자

나는 1990년대 말에 토박이 한국인인 아내와 함께 서울에서 살았다. 그때 우리는 아이 낳는 것을 엄두도 내지 못했다. 혼혈인을 대놓고 '튀기', '혼혈아'라고 부르던 시절이었다. 혼혈의 아이를 낳아 한국 학교에 보낼 용기가 없었다. 주변의 한국인들에게 고민을 이야기하자 돌아온 가장 전형적인 반응은 "걱정하지 마세요. 우리나라에서는 흑인 혼혈아는 푸대접해도 백인 혼혈아는 예쁘다고 우대해요" 하는 것이었다. 나는 그 말을 듣고 더 슬퍼졌다. 당시 한국에서 인종주의는 주로 구미권의 문제로 생각되었지만, 내 눈에 당장 띄기로도 대학들의 영어영문학과나 학원가에는 흑인 교수나 강사가 거의 없었다. 흑인은 거의 발붙이기 어려울 정도로 차별의 패턴이 선명했는데도, '우리나라에는 인종차별이 없다'는 게 그 당시의 중론이었다.

이제 어언 20여 년이 지났다. 한국 총인구의 거의 5퍼센트가 외국 계통의 인구다. 재중국 한국인 동포를 포함해, 중국 출신만 해도 100만 명 이상이 한국에 거주한다. 인종차별 문제는 이

제 공론화되어 사회의 지탄을 받고 있지만, 건재할 뿐 아니라 오히려 더 심화하고 있다. 모스크를 건축하겠다는 이슬람권 이민자들은 '이슬라모포비아'에 근거한 현지인들의 방해를 받고 있고, 일부 'K-영화'는 재중국 한국인 동포를 악마화해 그 피해자들의 항의 시위를 촉발했다. 외국 계통의 인구가 늘어남과 동시에 인종주의 그리고 인종주의 극복을 위한 투쟁이 한국 사회의 가장 핵심적 문제로 대두되었다. 한국에서의 '인종' 개념의 계보, 민족주의 발전의 궤도 그리고 이슬람권 이민자와 화교, 혼혈인 등 인종적·종교적 소수자에 대한 차별의 역사를 일목요연하게 정리한 이 책은, 이런 상황에서 많은 독자에게 꼭 필요한 참고서가 될 것이다. 이 책을 읽으며 그토록 자랑스러운 'K-문화' 속에 숨은 인종주의의 실체를 알게 되길 바란다.

바로 지금 여기의 인종차별 문제

_____ 홍성수 · 숙명여대 법학부 교수, 《말이 칼이 될 때》 저자

한국에도 인종차별이 있을까. 이 책의 결론은 '한국 사회에서 인종차별은 이미 깊숙이 자리 잡고 있다'는 것이다. 인종차별이 없는 것처럼 보였다면, 그것은 착시일 뿐이라고 단언한다. 이 점은 그동안 이주자, 인종주의, 다문화 등의 문제를 다뤄왔던 수많은 연구에서, 그들을 지원하고 연대해왔던 현장 활동가들을 통해서 그리고 조금씩 목소리를 내고 있는 당사자들의 증언으로 이미 확인되었던 바다. 그동안 인종주의 '이론'을 다룬 책도 적지 않게 출간되었다. 인권, 평화, 다문화 등 인류의 고질적인 문제를 다루다 보면 인종차별은 피해갈 수 없는 주제다. 그런데 이 책의 접근은 다르다. 한국의 현대사를 되돌아보면서, 바로 지금 여기의 인종차별 문제를 말하고 있기 때문이다.

책의 전반부는 개화기부터 오늘날까지 한국의 현대사를 가로지르며 인종차별이 자리 잡고, 우리 사회의 각종 지배 담론과 결합해온 과정을 설득력 있게 제시한다. 한마디로 "우리는 150년 전부터 지독한 인종주의자였다"라는 것이다. 동시에 책의 후반부

는 어느새 우리 안의 타자 집단이 되어버린 흑인, 화교, 혼혈인, 이주노동자, 무슬림 등의 사례를 하나하나 짚으며 인종차별이 현재진행형임을 보여준다. 하지만 국가 정책도 시민사회의 실천도 이런 상황에 대응하기에는 턱없이 부족하다. 제대로 준비도 못 했는데, 엄중한 현실을 맞이하게 된 것이다.

역사적으로 강화되어온 배타적인 문화, 빠른 속도로 확대되어왔고 앞으로는 더 가속화될 다문화 사회의 현실…. 나도 기회가 있을 때마다 인종주의 문제를 더는 방치하면 안 된다고 경고하곤 했다. 그리고 여러 인종적 배경을 가진 사람들과 평화롭게 공존하는 것은 절박한 과제라고, 지금이라도 무거운 마음으로 인종주의에 맞서 싸워야 한다고 목소리를 높여왔다. 이런 중요한 이야기를 수입한 외국 이론과 어설픈 현실 진단에 기대어 할 수밖에 없는 것이 늘 불만이었던 차에 이 책을 만나게 되었다. 인종차별의 현실에 대해 의구심을 품은 이들에게 자신 있게 건네줄 수 있는 책이다. 관용과 환대의 전통을 새롭게 만들어가자는 이 책의 제안에 더 많은 사람이 응답해주면 좋겠다.

설명할 수 없는 당신을 위해

_____ 우춘희 · 이주인권 활동가 및 연구자, 《깻잎 투쟁기》 저자

"새끼야, 새끼야. 그거 무슨 뜻이에요?"

나는 낮에는 이주노동자들과 함께 깻잎밭에서 일하고, 밤에는 같이 밥을 먹으며 2020년 여름을 보냈다. 캄보디아와 태국에서 온 이주노동자들이 가장 궁금해하는 것 중의 하나는 '새끼'라는 단어의 정확한 뜻이었다. 사업주가 자신을 이름 대신 "이 새끼, 저 새끼"라고 부르는데, 어감상 기분 나쁜 말인 줄은 알겠으나 정확하게 어떤 뜻인지 궁금해했다. 이주노동자들은 농사짓는 데 없어서는 안 될 고마운 존재이지만, 동시에 그들에게는 차별과 혐오가 잔뜩 담긴 시선과 언어가 늘 따라다녔다.

모두들 한 번은 불러보았고, 한 번은 들어보았을 이 경멸적인 언어는 언제, 어떻게 만들어졌을까. 저자의 전작 《아시아인이라는 이유》가 미국 사회에서 아시아인을 향한 인종차별의 역사적 맥락을 제시했다면, 이 책은 150여 년을 거슬러 올라가 한국 내에 존재하는 인종주의를 현미경으로 살피듯이 미세하게 들여다본다. 이로써 풍부한 역사적 사례와 자료를 바탕으로, 인종의

다양한 차이를 구분하고 층층이 위계화해 누군가의 우월함과 열등함을 따지는 인종차별의 형성 과정을 상세하게 제시한다.

즉 개항기 때 한국인은 서구의 인종주의를 무비판적으로 수용해, 소위 '인종 피라미드'를 만들어 다양한 인종을 줄 세웠다. 일제강점기 때는 인종차별과 식민주의가 결합해 한국인의 마음속에 자기모멸감과 열등감을 심었다. 한국전쟁기를 지나 1970년대가 되면, 공산주의와 발전주의에 가부장적 가족주의가 결합해 다양성과 관용이 허용되지 않은 사회가 형성되었다. 세계화 시대에는 경쟁 제일주의와 한민족 우월주의가 결합해 현재의 한국식 인종주의를 낳았다.

그 역사를 따라가다 보니 지금까지 만나왔던 이주노동자들의 얼굴이 떠올랐다. 만약 당신 곁에 있는 이주노동자가 깻잎을 따던 손을 멈추고, 왜 한국인은 이주노동자를 "새끼야"라고 부르는지 묻는다면 과연 답할 수 있을까. 그 말이 정확히 어떤 뜻인지 설명할 수 있을까. 차마 입이 떨어지지 않을 것이다. 다만 이제는 그 멸칭의 역사적 맥락을 마주 봐야 한다. 눈을 떼지 말고 똑바로 응시해야 한다. 바로 그러한 용기에서 인종주의 극복은 시작될 테다. 이 책을 읽으며 그 첫걸음을 단단히 내딛길 바란다.

일러두기

- 단행본과 정기간행물에는 겹꺾쇠(《 》)를, 논문과 보고서, 기사, 노래, 영화, 방송 프로그램에는 홑꺾쇠(〈 〉)를 사용했다.
- 외래어 인명과 지명은 국립국어원 표준국어대사전 외래어 표기법 및 용례를 따랐다. 단 표기가 불분명한 일부는 실제 발음을 따라 썼다.

보이지 않는 것을 보기

한국인에게는 인종 콤플렉스가 있다. 인종이 대화 주제로 나오는 것을 꺼리는 동시에, 내심 사람들을 인종적으로 위계화한다. 그래서 인종적으로 열등하다고 생각하는 집단을 멸시하고, 반대로 인종적으로 우월하다고 생각하는 집단을 선망한다. 콤플렉스의 뜻이 '복잡한'인 것처럼, 한국인의 인종 콤플렉스는 여러 요인이 어지럽게 얽혀 있어 매우 복잡하다. 이는 다음 질문들과 관련된 상황만 떠올려보아도 알 수 있다.

- 왜 목욕탕 업주는 우즈베키스탄 출신 귀화 여성의 출입을 막았는가.
- 왜 '다문화'는 동남아시아인 어머니와 한국인 아버지로 구성된 가족에게만 사용되는 특별한 용어가 되었는가.
- 왜 흑인은 영어 학원 강사에 지원하면 거절당하는가.
- 왜 국제연합UN의 인종차별철폐위원회Convention on the Elimination of All Forms of Racial Discrimination, CERD가 인종차별금지법 제정을 수차례 권고하는데도 제대로 받아들여

지지 않는가.

- 왜 무슬림의 모스크 건설은 반대에 부딪히는가.
- 왜 화교는 감춰진 존재로 살아가야 하는가.
- 왜 조선족은 같은 동포인 재미 동포, 재유럽 동포와는 다르게 취급당하는가.

이 질문들에 대한 답은 무엇일까. 더욱 근본적으로 우리 사회는 왜 이런 질문들을 진지하게 논의하고 토론하지 않는 것일까. 정말 왜 그럴까.

이 책은 한국인의 복잡한 인종 콤플렉스의 뿌리를 찾아가는 여정이다. 서구에서는 16세기 대항해 시대의 개막과 함께 아프리카인을 만나게 된 유럽인이, 그들과 자신들의 피부색을 구분하는 과정에서 인종주의가 시작되었다. 인종주의가 서구의 경제적·군사적·기술적 우월성을 합리화하는 이념으로 등장한 것은 18세기 이후로, 19세기가 되면 흑인은 태생적으로 열등하기에 후천적으로 교육하거나 환경을 달리해도 개선할 수 없다는 믿음이 일반에 널리 퍼져나갔다. 즉 18세기 이래 서구는 인종주의에 기대 백인 중심의 위계적 사회질서를 구축해왔으며, 비서구 세계에 대한 식민 지배를 정당화했다. 이러한 인종주의가 어떻게 해서 머나먼 동양의 유교 국가 조선에 도달했을까. 그리고 오늘날까지 그 명맥을 유지, 또는 오히려 더 강화할 수 있었을까.

인종주의라는 '외래 담론의 전유와 토착화'[1] 과정은 1876년 이후 현재까지 약 150년간 지속되고 있는 한국인의 인종 콤플렉스가 진화해온 과정이기도 하다. 우리나라는 19세기 이래 개항, 식민 지배, 해방, 한국전쟁, 분단, 냉전 등 격동의 소용돌이를 지나왔다. 지난 세기 한국 사회가 경험한 변화는 그 정도가 매우 커서 전례를 찾아보기 힘들 정도다. 억지로 개항당한 후 개화를 추구한 조선의 젊은 지식인들은 서구를 숭상하고 찬양하는 서구 중심적인 태도를 수용했는데, 그 과정에서 당시 서구의 지배 담론이었던 인종주의가 새로운 담론으로 조선 사회에 스며들었다.

이후 펼쳐진 20세기 전반기는 한국인에게 자신의 생존과 존엄성을 스스로 통제할 수 없는 시간이었다. 일제강점기와 한국전쟁이라는 비정상적인 역사적 경험은 더욱 힘이 강한 세력, 즉 서구나 미국에 순응하는 태도를 품게 했다. 그러면서 다시 한번 그들의 핵심 이념인 인종주의를 자각 없이 받아들이고 말았다.

한편 일제강점기에 태동한 민족주의는 계속 외향을 바꿔가며 지금까지 우리에게 강력한 영향력을 발휘하고 있다. 민족주의는 '우리'와 '타자' 사이의 구분 짓기를 한국인의 의식 깊숙한 곳에 새겨놓았고, 이로써 '우리 결속'은 너무나 쉽게 '타자 배제'로 이어져왔다. '한국 사회의 재구조화'[2]가 진행된 19세기 후반 이래의 역사적 과정에서 해방, 반공, 경제성장 등 민족적·국가적 목표를 위해 사회 전체가 동원되었으며, 이는 민족 과잉과 타자 배제를 낳았다. 따라서 한국의 인종주의는 서구의 인종주의와 같으면서도 다른 모습을 띤다. 피부색을 기준으로 인간 집단을 나누고 차별하는 모습은 서구의 인종주의와 유사하지만, 민족, 계급, 종교, 문화와 같은 다양한 요소와 결합함으로써 한국만의 인종주의로 진화한 것이다.

이러한 한국식 인종주의는 우리 사회에서 비가시화되어 있다. 우리는 인종, 또는 인종주의라는 주제를 회피하고 적극적으로 다루지 않는다. 인종주의에 대해서 정치권이나 시민사회가 진지한 숙의를 해본 경험도 적다. 인종주의를 정면으로 다루지 않는 것 자체가 인종 문제에 대한 한국인의 취약성을 보여준다.

또 하나 한국식 인종주의의 특징은 인종주의를 서구의 역사 속 유물로만 생각하는 경향이다. 우리나라의 타자화된 집단들은 지금 이 순간에도 일상적 차별을 겪고 있는데도, '우리나라에 인종차별은 없다'라고 생각하는 사람들이 있다. 실제로 대학에서 강의하다 보면 "우리나라 정도면 외국인에게 정말 잘하는, 차별 없는 나라 아닌가요?"라거나, "한국인만 사는데 무슨 인종차별이 있죠?"라고 되묻는 학생을 종종 만난다. 하지만 '인종차별 없는 우리나라'라는 '순수한' 믿음은 실체가 있다기보다는, 한국 사회의 인종주의가 비가시화되어 있음을 드러낼 뿐이다. 꽁꽁 감춰놓은 상처는 겉에선 잘 보이지 않아 다 나은 것 같지만, 속에서는 덧난 채 고름으로 가득하다. 한국식 인종주의는 바로 이렇게 우리 사회에 존재한다. 인종주의는 먼 과거에 서구에서 일어난 일이지, 우리나라와는 상관없는 문제라고 보는 인식 때문에 우리는 일상에서 벌어지고 있는 차별과 배제에 더욱 둔감해진다.

이 책은 한국의 근현대사를 관통하고, 또한 시대별 주요 담론을 참고해 한국식 인종주의가 어떻게 형성되고 변화해왔는지 살펴본다. 이로써 많은 한국인이 인종주의자이면서도 스스로 인종주의자임을 깨닫지 못하고 있음을 꼬집고자 한다. 특히 친親백인성과 반反흑인성이 한국식 인종주의의 형성 과정에서 양날의 검처럼, 동전의 양면처럼 우리의 잠재의식에 새겨졌음을 밝힐 것이다. 이어서 화교, 혼혈인, 이주노동자, 무슬림 등을 타자화한 우리의 역사를 짚는다. 150여 년을 거슬러 올라가는 이 여정은 우리 모두 한국식 인종주의에서 결코 자유로울 수 없음을 보여준다.

2022년 9월
정회옥

차례

2부 멸칭의 행간: 피부색, 민족, 경제력, 종교

1부

쪽발이

짱깨

파퀴벌레

방구

깜둥이

개슬람

인종에 갇힌 역사

1장

개화기: 인종이라는 신문물

한국인에게 '인종' 관념이 스며들기 시작한 것은 1876년 개항 이후다.[1] 당시 조선 사회는 백인 중심적이고, 비非백인을 열등한 존재로 취급하는 서구의 위계적 인종 관념을 진지한 성찰 없이 그대로 받아들였다. 이것이 한국식 인종주의의 첫 단추였다. 어쩌면 우리는 첫 단추를 너무 서둘러서 끼우느라 옷매무새가 틀어진 탓에 인종차별적인 사회에서 살아가고 있는지 모른다.

우리 역사에서 개항기는 서양을 본격적으로 만난 시기이자, '불평등 조약'이라는 표현이 시사하듯이 우월한 서구 문명을 일방적으로 수용하는 시기였다.[2] 조선은 1876년 일본에 강제로 문호를 개방한 이후 1882년부터 1884년까지 약 2년여의 짧은 기간에 미국, 독일, 영국, 러시아와 차례대로 통상수호조약을 체결했다. 서구 세계에 의한 강제적이고 일방적이었던 개항은 조선인에게 열등감을 불러일으켰다.

실제로 19세기 중엽 이후 서구 제국주의 국가들이 동아시아로 세력을 확장하자 조선은 이권을 노린 열강의 싸움터로 전락했다. 또한 급속히 근대화를 추구한 일본의 부상과 오랫동안 사대관계[3]를 맺었던 중국의 몰락 사이에서 큰 혼란을 겪었다. 대내적으로는 임오군란(1882), 갑신정변(1884), 을미사변(1895), 아관파천(1896) 등이 연달아 일어나는 등 구한말 조선은 매우 불안정한 상황이었다.

　이 혼란기에 인종주의는 조선에 서서히 발을 내디뎠다. 개화기 무렵부터 일제강점기 전까지 인종주의 정착은 대략 '서구 숭상 → 인종 개념 접촉 → 사회진화론적 위계의식 수용'의 과정을 거쳤다. 각 단계를 자세히 살펴보면, 우선 구미 유학을 다녀온 개화기 엘리트들이 주축이 되어 근대적 매체인 신문을 창간했고, 이를 통해 대중도 근대의 새로운 관념인 인종과 조우하게 되었다. 한국식 인종주의의 형성 과정에서 서구와의 접촉이 특히 중요한 의미를 띠는 것은 중화의 문명 개념과 달리 서구의 문명 개념이 인종주의에 바탕을 두기 때문이다(그래서 더욱 공세적이다). 중화사상은 한족의 우월성을 주장하면서도 인종주의로는 발전하지 않았는데, 그 이유로는 중국이 주로 접촉한 주변 민족의 외모가 한족과 크게 다르지 않았다는 점, 중화사상은 애초에 평등주의적 세계관을 갖지 않았다는 점 등이 있다.[4] 반면 서구 문명은 인종주의가 중요한 특징 중 하나였다. 18세기 등장한 계몽사상에 따라 서구인은 만인이 평등하다는 개념을 신봉하게 되었다. 동시에 비서구인에 대한 불평등한 취급을 정당화하고자 인종 간의 불평등을 주장하는 인종주의를 발전시켰다.[5] 이로써 서구인은 백인을 문명의 주체로 삼고, 유색인은 열등한 타자로 배제했다.

　1894년 갑오개혁 이후 조선은 서구라면 무조건 배척하는 태도에서 '동도서기東道西器', 즉 동서를 절충해 수용하는 태도로 전환했다. 그러면서 서구를 보편 문명으로 간주하게 되었다.[6] 또한 서구를 재빠르게 모방한 일본이 청일전쟁에서 승리하자 조선에서 중화사상은 힘을 잃고, 대신 서구의 문명 담론이 지배적인 인식 틀로 받아들여졌다. 그 결과 당시 서구인의 핵심적 집단의식인 위계적 인종 개념이 서서히 뿌리내리기 시작했다.

인종주의의 교과서가 된 신문

이 시기 사회 담론의 중요한 소통 통로는 《한성순보漢城旬報》[7]《독립신문》《매일신문》이었다. 소수의 지식인 사이에서만 논의되던 새로운 근대적 개념들이 대중에게 전파되는 데 이들 매체는 중요한 역할을 했다. 영어를 모르고 미국을 직접 경험할 기회가 없었던 대다수 중간 계층은 특히 신문을 통해 관련 지식을 얻었다. 따라서 개화기 엘리트 같은 여론 주도층의 대미관이 대다수 중간 계층의 대미관에 큰 영향을 미쳤다.[8]

우리나라 최초의 근대적 신문으로 평가받는 《한성순보》는 1883년 10월 31일 정부 기구인 박문국博文局에서 창간해 발행하다가 이듬해 12월 4일 일어난 갑신정변으로 폐간되었다. 그후 1886년 1월 25일 《한성주보漢城周報》란 이름으로 되살아나서 1888년 7월까지 발행되었다. 《독립신문》은 1896년 4월 7일부터 1899년 12월 4일까지 발행되었는데, 구한말의 조선 사회를 이해하는 데 가장 중요한 자료 중 하나로, 여론 형성의 견인차 역할을 했을 만큼 선풍적인 인기를 끌었다. 1898년 4월 9일부터 1899년 4월 4일까지 발행된 《매일신문》은 배재학당 학생들로 구성된 단체인 협성회協成會에서 발행하던 《협성회회보》를 발전시킨 것으로 우리나라 최초의 일간지였다.

《독립신문》과《매일신문》은 국문으로 발행되었기에 대중적 파급력이 컸고, 사회 담론의 확산에도 많은 영향을 미쳤다.[9] 특히 우리나라 최초의 민간 신문인《독립신문》은 일주일에 세 번 발행되었는데, 전체 네 면 중 세 면은 순전히 한글로, 나머지 한 면은 영어로 쓰였다.[10] 구한말 당시 책이나 신문 등을 빽빽이 채운 한문은 양반만 사용하고 천민과 여성은 한글을 사용했기에, 빠르게 변화하는 국내외 정세와 새로운 사상 등은 오직 양반의 몫이었다. 이러한 상황에서 한글로 발행된《독립신문》은 계급이나 성별의 차별 없이 누구나 읽을 수 있는 매체였다는 점에서 매우 중요한 의미를 지닌다.

인종주의와 관련해서도 일반 대중에게 인종이라는 새로운 관념을 소개하고 유포시키는 데 한글 매체들의 영향력은 적지 않았다. 서구에서도 인쇄·출판업의 발달이 인종주의의 확산에 이바지했다. 18세기 미국과 유럽은 소설, 여행기, 신문, 잡지 등 각종 매체의 폭발적인 증가로 인쇄·출판업이 부흥기를 맞았다. 이때 신세계 발견으로 늘어난 정보와 인간이라는 존재를 더욱 깊이 알고자 하는 욕구가 맞물리면서, 인종에 대한 학문적 체계화가 진행되었다. 즉 인쇄·출판업의 발달이 인종주의를 일상적인 문화 담론으로서 서서히 자리 잡게 하는 데 이바지했던 것이다. 구한말 조선에 등장한 근대적 매체들도 서구에서와 유사하게 인종주의라는 새로운 이념 체계의 확산에 어느 정도 역할을 했을 것으로 보인다. 특히 매우 농도 짙은 인종주의가 곳곳에서 발견되는《독립신문》은 서구에서 여과 없이 수용한 인종주의의 교과서

와 같았다.[11]

미국을 찬양하라

이러한 이념적 편향은 근대적 매체의 뿌리라 할 수 있는 《한성순보》에서부터 가감 없이 드러난다. 제1호 첫머리에 실린 〈순보서旬報序〉는 다음과 같은 내용을 담고 있다.

> 조정에서는 박문국을 설치하고 관리를 두어 외보外報를 폭넓게 번역하고 아울러 내사內事까지 기재하여 국중國中에 알리는 동시에 열국列國에까지 반포하기로 하고 이름을 순보라 하고 견문을 넓히려 한다.
> _〈순보서〉, 《한성순보》, 1883년 10월 31일.

이처럼 조선 정부는 급변하는 세계정세 속에서 개화라는 대외 정책을 추진하며 이를 백성에게 알리고 동참시키기 위한 노력의 하나로 신문을 발행했다. 바로 그 매체에서 '서양'에 대한 논의가 본격적으로 시작되는데, 《한성순보》는 특히 미국을 부강하고 경이로운 문명을 갖춘 나라로 그렸다.

> 미국은 북아메리카주에 있다. 원래 국호가 따로 없이 북아메리카라고만 하였다가 독립한 후부터 특별히 합중국이라고 불렀다. 합중이란 함께 다스린다는 뜻이다. 이 나라는 북아메리카의 중앙에 위치하면서 서방 인근의 국가들보다 유독

부강하였기 때문에 한역漢譯하는 사람들은 그냥 미국이라고
도 불렀다. …… 인구는 토지를 개간하며 점점 모여들어 번
성하여 서력 1880년에는 전국 인구가 약 5044만 2000인이
었다. …… 이 나라가 건국하고 도읍을 정한 지 겨우 100년
을 지났는데, 세계에서 가장 부강하게 된 것은, 실로 운수의
편의를 얻고 이익 될 만한 것은 조금도 빠뜨리지 않았기 때
문이다.

_〈미국지략美國誌略〉,《한성순보》, 1884년 2월 17일.

이 사설은 미국이 세계에서 가장 부강한 국가라는 메시지를
명확하게 전달하며 호의적인 미국관을 드러낸다. 당시 미국은 서
구 열강 가운데 조선이 처음으로 조약을 체결(1882년 5월 22일)한
국가이자, 역시 처음으로 상주 공사관을 설치(1888년 1월)한 국가
였다. 즉 개항 초기 조선의 서양 경험은 거의 전적으로 미국에 집
중되어 있었다.[12] 이런 이유로 미국 경제의 융성함을 칭송하는 사
설이 계속 등장한다.

《중외신보中外新報》에 의하면 워싱턴은 미국의 수도인데 상
인들이 쇄도하고 백물百物이 운집하여 만국이 전부 모여드
는 곳이니 참으로 인구의 밀도가 대단한 곳이기도 하다. 그
중에는 무역을 경영하여 수지를 맞추는 이와 좋은 물품을
사 모아서 이익을 도모하는 자도 한둘이 아니다. 얼마 전에
이 나라의 은전국銀錢局의 장부를 열람하여 미국의 각 부두

에서 거래된 금액의 수를 통틀어 계산해 보면 600조 원이나 많은 숫자이니 이것만 보아도 역시 이 나라 돈의 유통이 쉼 없이 계속되고 있다는 것을 알 수 있을 것이다.

_〈미국 돈의 유통〉, 《한성순보》, 1884년 6월 2일.

미국에 대한 숭배는 경제적인 부유함에만 한정되지 않는다. 《한성순보》는 조지 워싱턴 대통령을 위인으로 칭하며 미국이 영국, 프랑스, 독일보다 낫고 천하의 으뜸이라고까지 치켜세운다.

그 뒤에 워싱턴 대통령이 갑자기 큰 뜻을 품고 일어나서 대란大亂을 물리치고 새로운 제도를 창안하였으니 인재를 민선民選에 의하여 뽑고 정치政治와 법주法主가 전제專制하는 정치를 하지 못하게 하였으며, 언제나 지극히 공평한 것을 근본으로 삼음으로써 모든 옛날의 케케묵은 풍습을 깨끗하게 쓸어 없애버렸다. …… 이 때문에 국가는 날로 부강해졌으며 국민은 날로 개명전진開明前進하여 그 번성함을 아무도 따라가지 못하였다. 워싱턴이란 사람도 역시 일대의 위인인데 지혜롭고 뛰어난 국민과 함께 순박하고 기름진 땅을 차지해서, 한마음으로 하늘을 섬기면서 임금과 백성이 가슴을 터놓고 서로 위하고 회사會社를 연합하여 약속을 지키면서 인권을 옹호하되 자주권으로써 하여 태평스러운 복록福祿을 함께 누리고, 또 그들의 땅도 유리한 조건인 것이 비옥한 들판은 1000리나 뻗쳤으며 산마다 자원이 풍부해서 농공상업이 그로 인하여 날로 발전할 토산물 또한 날로 풍성하게 되므로, 온 천하의 상인이 모두 그들의 시장에 모이고자 하며 천하의 농부들이 그들의 들판에 농사하고자 하여서 불과 50~60년 사이에 이곳으로 이사해서 모여든 각국의 백성이 약 1100만이나 되는 많은 숫자에 이르고 있다. …… 미국이 위의 3국보다 나을 뿐 아니라 실지로 천하의 으뜸이 되는 셈이니…….

_〈구주歐洲와 미국의 부유표富有表〉,《한성순보》, 1884년 5월 5일.

미국 숭배가 얼마나 진심이었는지 느껴지지 않는가. 비슷한 논조의 사설을 하나만 더 살펴보자.

고금 각국의 역사책을 상고해보면 아무리 국운이 날로 융성해지는 국가가 있다고 해도 오늘날 미국 같은 곳은 없을 것이다. 서기 1800년에는 미국의 부강이 포르투갈에도 미치지 못한 점이 많았다. 오늘날에는 영국과도 서로 상하를 겨룰 정도이니 천하에서 제일 왕성한 나라라 칭할 수 있으니 그 국가가 발전한 실정을 상술하여 정치가의 채택에 제공하고자 한다.

_〈미국이 날로 계성繁盛해지다〉,《한성순보》, 1884년 3월 27일.

이처럼 《한성순보》는 미국을 천하에서 제일 왕성한 나라라고 계속해서 강조하고 또 강조한다.[13] 당시 조선은 서구 열강과 일본의 제국주의적 위협을 코앞에서 겪고 있던 터라, 과학기술이 발달하고 부강한 미국을 자신들을 구원할 선의의 강대국으로 간주했다. 따라서 개화기 엘리트들은 미국에 맹목적일 정도로 호의적이었다.

특히 미국, 더 나아가 서구 문명을 긍정적으로 묘사하는 과정에서 당시 서구 사회의 지배적인 이념이었던 인종주의마저 거의 아무런 비판과 성찰 없이 그대로 받아들여졌다. 강화도조약을 맺은 1876년 이전에 조선에는 인종이라는 개념이 존재하지 않았다. 외국인을 평가하는 잣대는 피부색이 아니라 중화 문명에 속하는지였다. 즉 화이관華夷觀이라는 문화적 기준으로 내국인과 외국인을 구분하고, 또 어떤 외국인인지 판단했다. 이처럼 후천적 요소인 문화를 중요시하는 세계 인식은 열등한 사람이라도 예법을 잘 익히면 신분 상승의 기회를 준다. 반면 인종주의는 태생적 특징인 피부색을 절대시한다. 과연 이러한 인종주의의 수용을 역사적 진보라 할 수 있는가.[14]

흑인보다는 낫지만, 백인보다는 모자란

안타깝게도 당시 우리나라의 근대적 매체들은 인종주의를 따져보지 않고 그대로 수용하는 모습을 보였다. 오히려 낯설었던 인종 개념을 다음과 같이 친절하게 설명하기도 했다.

인종으로 말하면 대략 세 가지이니, 황색 인종, 백색 인종, 종색棕色 인종이다. 그러나 세계 인류의 모색貌色과 골격은 곳에 따라 다르므로 다섯 종으로 나뉜다. 이를 열거하면, 첫째, 몽골 인종으로 일명 황색 인종, 둘째, 코카서스 인종으로 일명 백색 인종, 셋째, 이디오피아 인종으로 일명 흑색 인종, 넷째, 말레이 인종으로 일명 종색 인종, 다섯째, 아메리카 인종으로 일명 동색銅色 인종이 그것이다.

_〈주양洲洋에 대해 논함〉, 《한성순보》, 1883년 10월 31일.

이 사설이 인종 구분에 대해 객관적인 설명을 제공했다면,[15] 더욱 위계적인 관점을 드러낸 사설도 여럿 있었다. 예를 들어 1883년 11월 20일 자 《한성순보》에 실린 〈아메리카주洲〉라는 사설은 "인디언은 동색 인종으로 야만인에 속한다"라고 하며 아메리카 원주민을 스스로 개화할 여지가 없는 야만인으로 폄훼했다. 그러면서 아메리카 원주민이 절멸에 이르도록 자행된 잔혹한 박해의 역사를 마치 그들 스스로 선택한 것인 양 왜곡하는 역사 인식까지 보여주었다.

그중 백색계 인종이 4340만 2976인이고, 흑색계 인종이 658만 793인이고, 황색계 인종이 10만 5613인이고, 인디언계 인종이 14만 3312인이고, 그 나머지는 모두 잡종이다. 특히 인디언 같은 인종은 동색 인종으로 오래 그 땅에 살던 원주민이지만 야만스러운 풍속이 아직도 변하지 않았고, 백색 인종과 겨룰 수 없어지자 스스로 외진 곳으로 물러나서 개화할 생각을 하지 않기 때문에 미국 정부가 특히 한 지역을 골라 인디언 인종만의 거주지로 귀속시켰다.

_〈미국지략〉,《한성순보》, 1884년 2월 17일.

조선인 최초의 미국 유학생이었던 유길준의《서유견문》에서
도 아메리카 원주민에 대한 박한 평가를 찾아볼 수 있다. 그는 아
메리카 원주민은 게으르고 배우는 힘이 없어서 백인이 학교를 세
워도 졸업자가 거의 없다고 적었다.[16] 아메리카 원주민의 땅을 빼
앗아 강제 이주시키고, 무고한 생명을 수없이 빼앗은 미국 정부
는 비판하지 않고, 피해자에게 책임을 전가했던 것이다. 당시 조
선도 외세의 침략 야욕에 목이 죄어오는 처지였는데, 어째서 아
메리카 원주민에게 동병상련의 정을 느끼지 못했을까.

당시 근대적 매체들이 내놓은 메시지 중 흥미로운 점은 인종
피라미드에서 조선인을 동양의 '중간'에 속하는 민족으로 자평한
다는 것이다.

영국 등 다른 나라에서 우리를 소국이라고 하나 조선인이
재주가 없다 할 수 없고 신체상으로 보더라도 동양 제국 중
에서 중등 이상의 인물이다.

_《친목회회보》,[17] 1896년 2월.

백인보다는 열등하나 동양인 중에서 중간 이상은 된다는 자
부심이 엿보인다. 60여 년 뒤에 미국에서 등장한 '모범 소수 민족
model minority 신화'의 이른 한국판이라고 할 만하다.[18] 미국에서

동양인은 백인보다는 열등하나 흑인보다는 우수한, 백인과 흑인 사이 어디쯤의 중간 인종으로 인식되곤 한다. 이와 비슷하게 개화기 엘리트들은 조선인을 백인보다는 확실히 열등하나 중국인보다는 우월하다고 보는 인종적 위계의식을 품고 있었다.[19]

서구라는 보편 문명

《한성순보》의 논조는 《독립신문》과 《매일신문》에 이르러 서구 문명이 보편 문명이라는 주장으로 확대되었다. 물론 여기에는 서양의 인종주의도 포함되어 있었다. 민중의 계몽을 위해 만들어진 《독립신문》과 《매일신문》 등의 근대적 매체들을 통해 서구 담론이 유포되고, 인종주의를 포함한 근대적 표상 체계가 조선인에게 서서히 내면화되었던 것이다.[20]

1898년 9월 19일 자 《매일신문》에 실린 사설은 "서양 사람들의 정치와 법률은 말할 것도 없고 거처와 의복과 음식이 다 위생하는 데 맡겨져 날로 인구가 번성"한다면서 서구 문명을 노골적으로 찬미하고 숭상했다. 정치, 법률, 의복, 음식에 대한 상찬은 서구 문명 전체에 대한 절대화로 이어졌다.

> 역사는 서구 문명이 어디를 가든지 새 나라로 전환한다는 것을 보여준다. …… 우리는 서구 문명이 아시아 대륙의 곳곳까지 전달되어 조물주의 아름다운 땅이 세계 모든 사람의 이익을 위해 사용되는 그때가 곧 오기를 희망한다.[21]
> _《인디펜던트The Independent》, 1896년 11월 14일.

《독립신문》영문판에 실린 이 사설은 서구 문명의 우월함과 보편성을 주장하고, 그 손길이 하루빨리 세계 곳곳에 뻗쳐 동양도 혜택을 입기를 간절히 희망한다. 서구 문명에 대한 절대적인 미화와 선망이 절절히 묻어나는 글이 아닐 수 없다.

개화기 엘리트들의 서구 중심적인 세계 인식에 대한 증거 자료를 찾는 것은 어려운 일이 아니다.《독립신문》에 실린 다음 사설 또한 국가들을 문명화 정도에 따라 등수 매기며 위계화한다.

> 오늘날 동서양 각국이 다 등수가 있으니 1등은 문명국이요 그다음에는 개화국이요 그다음에는 반개화국이요 그다음에는 개화 못 한 야만국이라. 대개 세계에서 말하기를 잉글랜드와 아메리카와 프랑스와 독일과 오스트리아 등의 나라는 1등 문명국이라 하며, 일본과 이탈리아와 러시아와 덴마크와 네덜란드 등의 나라는 개화국이라 하며, 대한과 청국과 태국과 페르시아와 미얀마와 터키와 이집트 등의 나라는 반개화국이라 하며…….
> _《독립신문》, 1899년 2월 23일.

이 사설은 아프리카 국가들을 야만스러운 4등 국가라며 언급조차 하지 않는다. 흥미로운 점은 조선을 3등 국가로 간주한다는 것이다. 바꿔 말해 조선은 영국, 미국, 프랑스 등 서구 국가들보다 못한 나라로서, 완벽한 상태의 서구 문명을 이상향 삼아야 한다는 뜻이다. 이처럼《독립신문》은 근대적 매체 중 서구 문명, 특히 미국에 가장 호의적이다. 이는 13년 먼저 발간된 《한성순보》의 미국에 대한 긍정적인 인식을 넘어선다. 당시 가장 유력한 매체였던 《독립신문》의 이러한 논조는 조선인이 맹목적인 친미 인식을 형성하는 데 중요한 역할을 했다.[22]

한국인이라서 죄송합니다

1896년 11월 14일 자 《독립신문》에 실린 사설은 조선인이 외국 풍속에 무지하고, 예법을 모르며, 거짓말을 잘해 서양인에게 멸시당한다고 자책한다. 그러면서 열등한 조선인이 가진 '못된 버르장머리'를 따끔하게 꾸짖는다.

> 대한 사람은 다른 나라 사람보다 대단히 다른 큰 병통이 있으니 해태懈怠하고 방탕하여 수족을 꼼짝이지 아니하고, 다만 유의유식遊衣遊食할 생각만 창자에 가득하며 제가 자주할 마음은 도무지 없고 항상 남에게 의뢰하려고만 하는 고로 …… 대한 사람의 이 같은 못된 버르장이를 다 없이 하여야 할 터인데…….
> _《독립신문》, 1899년 6월 13일.

이때 미개한 조선인의 반대편에 있는 존재가 바로 문명화를 이룬 서양인이다. 이러한 자기비하와 회의감을 바탕으로 조선인은 인종적으로 열등한 존재가 되어갔다. 그리고 열등감의 표출은 《독립신문》의 단골 소재였다.

대한 사람의 허물 있는 것이 이상함은 아니로되 가장 민국 간에 해로운 병통 몇 가지를 말하노라. 첫째, 거짓말 잘하는 일, …… 둘째, 거짓말과 나쁜 풍속이 관민 남녀노소 간에 이다지 성행하는 고로 의심이 심하여, 셋째, 혐의 쓰는 풍속과 의심만 많을 뿐이어라. 혐의를 심히 보아 조금만 서로 뜻이 맞지 않으면 오래도록 혐의를 품고 노여움을 감추어 일을 서로 방해하고, 또 속에는 혐의를 두고 겉으로 좋은 낯을 보여 꽃 밑에 뱀 노릇 하다가 기회만 있으면 그 사람을 해롭게 하고, …… 넷째, 객기 부리는 일…….

_《독립신문》, 1899년 1월 18일.

이 사설에 따르면, 조선인은 거짓말하기, 의심하기, 방해하기, 객기 부리기 등 온갖 부정적인 특질은 다 가진 집단이므로, 신랄히 비판받아야 마땅하다.

구한말을 대표하는 지식인 중 한 명인 박영효朴泳孝의 문명관에도 야만국 조선을 수치스러워하는 심리가 짙게 드리워져 있었다. 그에게 조선은 "아직 꿈에서 깨어나지 못해 어리석고 우매하며 술에 취하고 미친 것과 같아서 세계의 사정을 헤아리지 못해 온 천하에 모욕을 자초하고 있는" 나라였다.[23] 이어서 그는 조선인은 어리석어 부끄러움을 모르고, 재앙이 닥쳐도 심각성을 깨닫지 못하며, 거리는 지저분해서 비웃음을 사고, 나쁜 풍습을 가져 무시당한다고 주장했다. 동양, 또는 조선의 쇠퇴 원인을 서양의 제국주의적 침략이 아니라, 내부의 문제로 돌리고 있는 그의 인식에서 자기혐오가 엿보인다.

점점 짙어지는 열등감과 열패감은 자연스레 서양을 따라서, 서양처럼 문명화해야 한다는 주장으로 이어졌다.

> 서양 각국은 실학을 숭상하여 문명한 기계를 신발명한 뒤로 나라 형세들이 크게 떨쳐 세계상에 먼저 진보한 나라가 되고 대한국은 다만 허학虛學만 숭상하니 이는 서양 각국에 대하여 못하다고 할 한지라.
>
> _《독립신문》, 1898년 6월 14일.

이 사설은 조선이 서양 각국처럼 기계를 발명하는 등의 문명화를 이루지 못했다고 한탄한다. 바꿔 말해 조선에 필요한 것은 철저한 서구화라는 뜻이다. 앞서 설명했듯이《독립신문》《매일신문》등은 서재필과 윤치호 같은 개화기 엘리트들이 구미로 유학을 다녀온 후 발간한 근대적 매체이므로, 지향하는 문명의 기준이 서구인 것은 어찌 보면 당연한 결과였다. 서구식 생활 방식에 경이로움을 느끼고 압도되었던 구미 유학생들은 서양인의 시선으로 조선과 조선인을 평가하고는 열등하고 미개하다며 깎아내렸다. 프란츠 파농Frantz Fanon이 흑인의 열등감은 이에 맞서 싸워야 할 흑인 지도층에서 가장 강도 높게 나타난다고 했던 비판[24]이 개화기 조선에서도 유효했던 셈이다.

특히 서재필은 미국 시민사회의 문화를 조선에 이식하고자 여러 활동을 벌이는 등 나름대로 교량 역할을 했다. 실제로 그는 관련된 주제로《독립신문》에 여러 편의 사설을 썼다. 1896년 10월 10일 자에서는 조선인의 미국화를 강조했는데, 구체적으로 무명 옷 대신 모직옷과 비단옷을 입고, 김치와 밥 대신 소고기와 빵을 먹으며, 상투를 없애자고 주장했다. 1897년 10월 16일 자에서는 흑인 노예를 해방한 정의로운 국가로, 1898년 5월 7일 자에서는 의리와 인정의 국가로, 1899년 2월 27일 자에서는 약자를 도와 주는 관용을 갖춘 국가로 미국을 칭송했다. 미국은 이렇게 훌륭 한 국가이므로 서구의 근대 문명을 받아들여 '미국화'하는 것이 바람직하다고 독려했던 것이다.

구한말을 대표하는 지식인이었던 서재필의 글에서 극심한 인종주의가 활개 치고 있었던 당시 미국 사회에 대한 비판적 인 식을 찾아볼 수 없다는 것은 유감스러운 일이다. 종속이론가 아 니발 키하노Anibal Quijano와 세계체제론의 대가 이매뉴얼 월러스 틴Immanuel Wallerstein은 아메리카성Americanity을 설명하기 위해 식민성coloniality, 민족성/종족성ethnicity, 인종차별racism 그리고 새로움newness이라는 네 가지 개념을 제시했다.[25] 이 중 특히 주 목해야 할 것은 국가 간 계층화된 위계질서를 유발하는 식민성과 원래부터 아메리카성과 근대성의 핵심인 인종차별이다. 구한말 조선은 미국의 이러한 특징들에 무방비 상태로 노출되었고, 이는 한국식 인종주의의 단초가 되었다.

인종 개념의 위계화와 사회진화론

많은 개화기 엘리트가 서구의 인종 개념을 그대로 받아들였다.[26]

그들은 서양인의 시선을 답습해 흑인을 열등한 존재로 간주했다. 흑인을 경제적인 측면에서 인종화할 이유가 전혀 없었는데도, 지각없이 '흑인=열등한 인종'의 등식을 수용했던 것이다. 특히 《독립신문》은 이러한 인종주의적 편견을 숨김없이 드러냈다.

> 대개 구라파 사람들은 가죽이 희고 털이 명주실같이 곱고 얼굴이 분명하게 생겼으며, 코가 바르고 눈이 크고 확실하게 박혔으며, 동양인은 가죽이 누르고 털이 검고 뻣뻣하며, 눈이 기울어지게 박혔으며 이가 밖으로 두드러지게 났으며, 흑인들은 가죽이 검으며 털이 양의 털같이 곱슬곱슬하며, 턱이 튀어나왔으며 코가 넓적한 고로 동양인보다도 미련하고 흰 인종보다는 매우 천한지라. 미국에 토종은 얼굴빛이 붉으며 생긴 것이 동양인과 비슷하나 더 크고 개화된 것이 동양인만도 못한지라. …… 백인은 오늘날 세계 인종 중에 제일 영민하고 부지런하고 담대한 고로, 온 천하 각국에 모두 퍼져 차차 하등 인종들을 이기고 토지와 초목을 차지하는 고로, 하등 인종 중에 백인과 섞여 백인의 학문과 풍속을 배워 그 사람들과 같이 문명 진보 못 하는 종자들은 차차 멸종이 되어…….
> _《독립신문》, 1897년 6월 24일.

이 사설에서 백인의 외모는 '바르고', '확실하게' 같은 긍정적인 표현으로 묘사되지만, 동양인의 외모는 '기울어지게', '밖으로 두드러지게' 같은 부정적인 표현으로 묘사된다. 더 나아가 일말의 주저함 없이 백인이 세계 인종 중에 제일 영민하고 부지런해 하등 인종들을 이긴다고 칭송한다. 특히 흑인을 인종 위계의 맨 밑바닥에 놓는다. 오늘날에도 엄연히 존재하는 한국 사회의 반흑인성을 약 130여 년 전 조선을 대표한 근대적 매체에서 발견할 수 있는 것이다. 역사에 '만약'은 의미가 없다지만, 만약 개화기 엘리트들이 미국의 인종주의를 날카롭게 비판하고 더욱 관용적인 인종관과 세계관을 제시했더라면 어떻게 되었을까. 우리 사회는 차별과 혐오 없는, 더욱 행복한 사회가 되지 않았을까.

하지만 《독립신문》의 인종주의적 편견은 끊이지 않는다.

> 어떤 인종은 학식이 고명하고 재덕이 겸비하여 온 세계에 어느 나라를 가든지 남에게 대접을 받고, 어떤 인종은 문견 聞見이 고루하고 무재무능無才無能하여 가는 곳마다 남에게 천대를 받으니, 이것이 어떤 까닭인지 깊이 생각할 일이오. ······ 흑인과 적인은 인류가 아닌 것은 아니로되 족히 의논할 것이 없고······.
>
> _《독립신문》, 1899년 9월 11일.

이 사설에서 학식과 덕이 높아 우월한 인종은 백인을 가리킨다. 그들의 반대편에는 무재무능한 흑인과 아메리카 원주민이 있다. 이로써 인종은 문명과 결합하고, 더 나아가 선과 악을 구분하는 가치판단의 대상마저 된다.[27] 그래서 문명화된 백인은 존경받고, 야만스러운 흑인은 경멸받는다. 약 1세기 전 우리나라에 들어온 이러한 위계적 인종 개념은 현재도 우리의 의식 체계에 굳건히 남아 있다.

서구 숭상과 위계적 인종 개념은 사회진화론이라는 이름으로 구한말 조선에서 중요한 역할을 했다. 당시 사회진화론은 조선이 왜 이렇게 약소국이 되었는지, 어떻게 하면 강대국이 될 수 있는지를 설명하고, 개화와 근대화의 필요성을 정당화했다. 사회진화론은 찰스 다윈의 진화론과 허버트 스펜서Herbert Spencer의 사회학 이론이 융합해 만들어졌다.[28]

1859년 다윈은 《종의 기원》을 발표해 진화론적 발전과 자연도태를 설명했다. 다윈에 따르면 생존경쟁은 불가피하므로, 모든 종은 자연도태를 피할 수 없다. 이를 통해 우월한 개체는 보존되지만, 열등한 개체는 파멸을 맞는다. 구한말 조선에도 다윈의 사상이 소개되었다. 1884년 3월 9일 자 《한성순보》에 실린 〈태서泰西의 문학원류고文學源流考〉라는 사설이 대표적이다. 이 사설은 《종의 기원》을 소개하면서, "강약에 따라 생물은 생존하거나 멸망하니, 오직 강한 것만 살아남을 수 있다"라고 설명한다.

다윈의 진화론은 사회학에도 영향을 미쳤는데, 스펜서는 사회가 생물의 발전 법칙에 따라 변화한다고 주장했다. 이것이 바로 사회진화론으로, 인종주의와 결합해 '백인=우월한 인종', '비백인=열등한 인종'이라는 도식을 만들어냈다. 더 나아가 문명화는 우월한 인종의 몫이며, 이들이 열등한 인종을 지배하는 것은 자연스러운 일이라고 정당화했다. 또한 이를 국제정치에 적용해

강대국이 약소국을 식민지 삼아 지배하는 것을 약육강식과 자연도태의 결과로 보아 긍정적으로 평가했다.[29]

하나님의 뜻을 따라 동포 일본을 본받자

대표적인 개화기 엘리트인 윤치호의 일기를 보면, 열등한 조선이 생존하지 못할 수 있다는 불안감과 열등감이 적나라하게 드러난다. 다음은 1882년 10월 14일 자 일기다.

> 한국이 '생존'하기에 '적합한' 국가가 아닐지 모른다는 생각이 종종 내 가장 낙천적인 열망을 차갑게 식게 했다.[30]

윤치호는 1891년 11월 27일 자 일기에 "정의와 평화는 우월한 인종이 열등한 인종을 파멸시킬 때만 달성될 수 있다"라고 적었다. 그런 그에게 강한 인종인 미국인(백인)이 약한 인종인 아메리카 원주민을 학살한 것은 인간 본성에서 기인하는 자연스러운 행동이었다.[31] 흑인 차별도 그들의 결함 때문이지 미국 사회가 불공평하기 때문이 아니었다. 즉 윤치호에게 약한 인종의 도태는 무능, 게으름, 무지 때문에 생존경쟁에서 승리할 능력을 키우지 못한 그들 자신의 책임이었다. 유학생 시절 미국을 휩쓴 사회진화론의 영향에서 윤치호도 벗어날 수 없었다.

개화기 엘리트들의 사회진화론적 관점은 서구의 백인 중심적인 인종주의를 비판 없이 받아들이고 유포했다는 점뿐 아니라, 뒤이어 논의할 한국식 인종주의 형성의 두 번째 시기인 일제강점기에 식민 지배를 정당화하는 논리로 이용되었다는 점에서 매우 뼈아프다. 일제강점기에 사회진화론은 '백인 대 황인'의 인종 투쟁이 벌어지고 있는 만큼 모든 황인이 반목하지 말고 일본을 중심으로 단결해 동양을 지키자는 아시아주의의 기반을 놓았다. 이로써 한국식 인종주의는 서구의 침략에 맞서는 방어적 성격을 띠게 되었다.

다시 윤치호의 일기를 살펴보자. 그는 "한 민족이 스스로 통치할 능력이 없을 때, 독립할 수 있을 때까지 더 개화되고 더 강한 인민에게 통치받고 보호받으며 가르침을 받는 것이 좋다"라고 적었다.[32] 식민 지배는 이렇게 정당화되었다. 1898년과 1899년 《독립신문》에 실린 여러 사설도 동양의 평화를 위해 백인에 맞서 황인이 단결할 것을 주장하거나, 동양의 평화를 위해 한·중·일 삼국의 연대를 강조했다. 한발 더 나아가 문명화를 이뤄 강국이 된 일본이 지도적 국가로서 동양 전체의 문명화와 평화를 위해 힘써야 한다고 요구했다. 그 대표적인 사설을 살펴보자.

동포 되는 황인의 모든 나라는 일본 형제의 분발한 기개와 떨쳐 일어난 정략政略을 본받아 독립국의 대등권對等權을 회복들 할지어다. 오늘날의 일본은 곧 동양에 황인의 앞으로 나아갈 움싹이며 안으로 정치와 법률을 바르게 할 거울이며 바깥 도적을 물리칠 장성이니, 구미 각국과 조약을 고쳐 정하여 실시한 일본사를 들은 황인 형제의 모든 나라를 권고하고 인도하되, 작은 이곳을 탐하지 말며 작은 분에 충격하지 말고 한 가지인 종자를 서로 보호할 큰 계책을 세워 동양 큰 판에 평화함을 유지하게 하는 것이, 이것이 그 하나님께서 정해주신 직분의 당연한 의무라 하노라.

_《독립신문》, 1899년 11월 9일.

황인종 모두는 동포인 일본을 본받아야 하고, 이는 신이 내린 의무라고까지 설명한다. '하나님'이라는 표현에서 알 수 있듯이, 이 시기 기독교는 한국식 인종주의 형성에 적지 않은 영향을 미쳤다. 구한말에 기독교는 근대 문명과 종종 동일시되었다.[33] 실제로 개화기 엘리트들은 기독교를 통한 근대화를 추구했는데, 이승만과 서재필이 대표적이었다. 옥중에서 개종해 기독교도가 된 이승만은, 기독교를 받아들일 때 비로소 정신·도덕·사회개혁을 모두 성취해 부강한 나라를 만들 수 있다고 주장했고, 서재필은 한국의 문명개화에 가장 필요한 것이 기독교라고 보았다.[34]

그런데 개화기 엘리트들의 순진한 믿음과는 달리, 사실 기독교는 왜곡된 방식으로 한국에 전파되었다. 당시 조선을 방문한 서구 여행가와 선교사가 남긴 여행기들을 살펴보면, 그들은 한결같이 '코리아'를 동양에서도 가장 고립된[35] 야만의 나라로 표현했다. 미국 대통령 앤드루 존슨Andrew Johnson의 비서였던 프랭크 카원Frank Cowan은 조선을 외부 세계와 완전히 차단된 작은 상자이자, 더는 진화하지 않는 생명체 중에서도 멸종된 괴물로 비유했다.[36] 영국의 여성 여행가 이사벨라 버드 비숍Isabella Bird Bishop도 비슷한 기록을 남겼다. 그는 1894년부터 1897년까지 네 차례에 걸쳐 한국을 방문해 《조선과 그 이웃 나라들 Korea and Her Neighbours》이라는 기행문을 썼는데, 당시 한국을 중세 시대에 정체된 원시적인 사회이자 나태, 무례, 무절제, 불결의 나라라고 묘사했다. 조선에 대한 오리엔탈리즘적인 시각은 기독교와 결합해 '선교 오리엔탈리즘missionary orientalism'으로 발전했다. 19세기 말부터 20세기 초까지 조선에서 활동한 선교사들은 다윈의 진화론에 근거해 앵글로·색슨 인종에게 비기독교 국가를 식민화할 수 있는 본능적인 자질이 있다고 믿었다.[37]

구한말 전파된 기독교가 선교 오리엔탈리즘의 성격을 띠었다는 것은 《유몽천자牖蒙千字》에서도 잘 드러난다. 《유몽천자》는 개화기에 들어선 미션스쿨들에서 널리 쓰인 교과서다. 캐나다 출신의 미국인 선교사 제임스 스카스 게일James Scarth Gale이 아이들에게 한자와 한문을 가르치기 위해 1901년 간행한 이 책에는 백인 중심적인 시각으로 조선인을 바라본 글이 실려 있었다. 황인인 조선인은 심지가 유약하고 진보하는 데 무력하며 망령되고 거짓된 짓을 일삼는다는 내용이었다. 또한 용과 귀신과 음양과 복술을 좋아한다고 설명했다. 이러한 글이 실린 교과서가 자라나는 조선의 아이들에게 어떠한 인식을 심었을지는 자명하다. 그들의 마음에 내면화된 오리엔탈리즘은 자기혐오와 자기부정의 씨앗을 뿌렸을 것이다. 이처럼 구한말 기독교가 전파되는 과정에서 위계적 인종 개념과 백인 중심적인 사고가 함께 들어왔으며, 이는 우리 사회에 숭미주의와 인종주의가 토착화하는 데 영향을 미쳤다.

인종주의적 사회진화론은 조선인의 인종적 열등감을 자극했고, 자기 정체성과의 내적 갈등을 유발했으며, 나아가 제국주의적 침략에 대한 비판의식을 마비시켰다. 이는 일본의 제국주의적 한반도 침략과 세력 팽창을 정당화하는 결과를 낳았고, 결국 조선은 일본의 식민지로 전락해 굴욕과 트라우마로 20세기를 시작하게 되었다.

2장

일제강점기:
열등감이 빚어낸
'우리' 민족

개화기부터 일제강점기까지는 과거와 다른 새로운 한국인의 정체성이 형성되고, 또 한국의 근대성이 규정되는 결정적 시기였다. 특히 식민 지배는 이후 역사의 향방을 가른 중요한 계기들을 함축했다.[1] 한국의 20세기 전반기는 '민족 전체에 가해진 폭력과 모욕'[2]으로 상징되는데, 이 치욕과 수치의 집단적 경험은 한국식 인종주의의 토착화에 적지 않은 역할을 했다.

일제강점기는 일본에 저항하는 민족주의와 일본의 일상적 폭력에서 비롯된 집단적 열등감이 함께 형성되는 시기였다. 개화기 이후 식민지로 전락했다가 해방되기까지 70여 년간 한국인은 근대화, 서구 우월주의, 식민주의의 거친 파도를 맞았고, 이는 그 정체성의 근간을 흔들었다. 한국인은 생명의 위협, 두려움, 굴욕감, 열등감, 변화의 욕구, 자기비하 등이 얽히고설킨 복합적인 심리를 경험했는데, 그중에서도 지배당하는 사람으로서의 열등감과 언뜻 이와 상반되듯 보이는 민족의식이 당시 한국인의 인종관 형성에 결정적 영향을 미쳤다.

식민 지배는 한국인의 인종 콤플렉스를 자극했다. 1905년의 을사조약과 1910년의 한일병합조약 이후 35년간 이어진 일제강점기는 한국인에게 자기모멸과 정체성 분열의 시기였다.[3] 한때 왜구라고 멸시했던 일본의 지배하에서 존엄성을 위협당한 한국인은 의식 깊은 곳에 열등감을 새기게 되었다. 파농은 역작《검은 피부 하얀 가면》에서 식민 지배하 아프리카와 서인도제도의 흑인이 자신의 고유한 문화를 빼앗기고 결국은 '거대한 심리적·존재론적 열등감'의 노예로 전락하게 되는 모습을 예리하게 관찰하고 묘사했다.

> 흑인은 이차원적인 존재다. 그에게는 자신의 종족이라는 차원과 백인과 관련된 차원이 있다. 흑인은 백인에 대해서는 물론이고 자신과 다른 종족 흑인에 대해서도 매우 차별화된 행동을 보인다. 흑인의 이러한 자기분열이 식민주의적 굴종의 직접적 산물이라는 사실은 의심의 여지가 없어 보인다.[4]

이 글귀에서 '흑인'을 모두 '한국인'으로 바꿔 쓴다고 해도 그리 어색하지 않을 것이다. 한국인은 백인에게는 과도한 선망을 보이지만, 자신과 나라나 민족이 다른 황인에게는 사뭇 다른 태도를 취한다. 이처럼 서구를 향해서는 열등감에서 비롯된 선망과 부러움의 시선을 보내고, 제3세계를 향해서는 우월감을 느끼는 한국식 인종주의는 일제강점기를 거치며 모습을 갖춰나갔다.

역사의 심연

일제강점기는 한국 역사의 심연, 즉 바닥을 알 수 없는 깊고 어두운 수렁이었다.[5] 일본인과 한국인의 주종 관계가 형성, 유지되었고, 민족적 모욕과 굴욕이 일상화되었다. 일본은 한국의 역사와 전통 등 모든 것을 열등하게 치부했는데, 이로써 한국인의 의식은 패배감, 수치감, 죄의식 그리고 보상 욕망으로 가득 찼다.

일제강점기는 한마디로 차별의 시기였다. 35년이라는 긴 세월 동안 계속해서 극심하게 차별받아온 한국인은 의식 깊은 곳에 열등감과 수치심을 새길 수밖에 없었다. 당시 전통적인 신분제가 완전히 청산되지 못한 상황에서 빈부격차, 성차별, 학력격차 등이 더해졌는데,[6] 무엇보다 전면적인 민족차별이 행해졌다. 민족차별은 한국 역사상 처음으로 국권을 완전히 상실함으로써 집단적으로 겪게 된 새로운 유형의 일상적 차별이었다.

일본은 신공왕후神功皇后 전설,[7] 한반도 조공국사관, 인종론적 문명론과 국민성론 같은 한국 멸시·차별관을 오래전부터 만들어왔는데, 이것이 메이지유신 이후 체계화되어 일본인의 내면을 지배했다.[8] 특히 메이지유신 이후에는 문명화를 이룬 정도에 따라 국가와 인종의 우열을 나누는 문명론이 득세해, 일본은 문명을 이룬 나라로, 한국은 미개한 나라로 여겨졌다. 한국을 멸시하는 인식은 청일전쟁[9]과 러일전쟁에서 일본이 승리한 후 더욱 강화되었다. 동아시아 최대 문명국을 건설한 우수한 일본인과 나태, 불결, 애국심 부족, 후진, 야만, 미개 등 부정적인 특질을 다 갖춘 열등한 한국인의 대비가 더욱 선명해졌다.

일본의 대표적인 계몽가이자 교육가로 '일본 근대화의 아버지'로 불리는 후쿠자와 유키치는 제목부터 '아시아를 벗어나야 한다'는 뜻의 〈탈아론〉에서 "우리 일본의 국토는 아시아의 동쪽 끝에 있지만, 그 국민의 정신은 이미 아시아의 고루함을 벗어나

서양의 문명으로 옮겨갔다"라고 주장했다. 그러면서 한국과 중국
은 개진의 길을 알지 못하고 고풍의 구습에 연연하고 있으니 관
계를 끊어야 한다고 강조했다.[10] 그는 여러 저서에서 한국과 중국
을 '완고하고 고루함, 편협함, 의심 많음, 구태의연함, 겁 많고 게
으름, 잔혹하고 염치없음, 거만함, 비굴함, 참혹함, 잔인함'[11] 같은
수식어로 묘사했다.

　　일본이 한국 및 중국과 동등하게 취급되는 것을 용납할 수
없었던 일본 정부 또한 한국의 전통문화를 양반주의, 의뢰심, 사
대주의 등으로 특징지으며, 이를 민족적 병리로 파악했다.

　　한국 멸시·차별관은 민족차별의 여러 양상으로 전개되었
다.[12] 우선 일본 본국과 식민지 한국 사이에 법적 차별[13]이 극심했
는데, 한국인은 참정권이 없었고, 의무교육에서 소외되었다. 또한
각종 사회·복지 입법, 소원법訴願法, 행정재판법을 적용받지 못했
고, 언론·출판·결사에 관한 권리도 제대로 보장받지 못했다. 각
종 도시 시설의 이용에 관한 법제도 차별적이었다. 반면 헌병경
찰의 즉결처분권은 확대되어 한국인은 제대로 된 재판조차 받지
못하고 처벌당하기에 일수였다. 한국인은 임용, 근무지, 임금, 승
진 등 사적인 영역에서도 극심한 민족차별을 당했다. 고용 구조
에서도 고급 기술자는 일본인이, 하급 노동자는 한국인이 도맡는
이원화된 체계가 해방 때까지 계속되었다.

망국의 학생들에게 각인되는 열등감

교육 분야에서도 학제, 교사 구성, 취학 및 진학 기회에 관한 법적

차별이 존재했다. 1938년의 제3차 조선교육령 이전까지 교육 과정은 한국인을 대상으로 하는 교육 과정(보통학교-고등보통학교 체제)과 일본인을 대상으로 하는 교육 과정(소학교-중학교 체제)으로 이원화되었고, 소학교 교사의 30~50퍼센트, 중·고등학교 교사의 대부분이 일본인으로 충당되었다. 또한 인구 대비 학교 수도 차별받았기 때문에 한국인의 취학 및 진학 비율은 일본인과 비교가 안 될 정도로 낮았다. 애초에 학생을 선발하는 과정부터 한국인 차별이 극심했다. 일본인 학생을 우대하기 위한 민족별 입학정원 할당제가 도입되었고, 수많은 일본인 교사는 한국인 학생을 부정적으로 평가했다.

중·고등학교 교사의 관행적 민족차별 사례를 보도한 당시 기사를 살펴보면, 어린 한국인 학생들에게 일본이 어떠한 차별과 모욕을 가했는지 그리고 이러한 경험이 어떻게 민족적 열등감을 자극하고 식민지 트라우마를 야기했는지 가늠해볼 수 있다.

- 1922년 1월 목포상업고등학교에서 교장이 한국인 생도에게 "망국민은 할 수 없다", "허언을 함은 조선인의 민족성이라"라고 말하면서, 뺨을 때리고 구타했다.
- 1926년 6월 진주농업학교에서 일본인 교사가 한국인을 모욕하는 행태를 일삼았고, 학생들을 노예 부리듯 했다.
- 1926년 7월 제주농업학교에서 민족차별이 심한 교사가 일본인의 장점을 말할 때 반드시 한국인의 단점을 들어 비교했는데, 특히 교활하고 야만에 가깝다고 말했다.[14]

심지어 어떤 사례들은 일본인 교육자들이 인종적 관점에서 한국인들을 차별했음을 보여준다.

- 1922년 7월 소의상업학교에서 일본인 교사가 "조선인은 아직도 야만을 면치 못한 인종으로, 위력으로써 하지 않으면 도야陶冶하기 불능하다"라고 학생들을 꾸짖었다.
- 1927년 5월 평소 언동이 인종적 편견으로 가득한 숙명여학교의 일본인 교무주임의 사례가 보도되었다.
- 1927년 12월 청주고등보통학교에서 교장이 "조선인은 야만 인종이었다"라는 모욕적인 언사를 학생들에게 했다.
- 1928년 11월 신명여학교에서 인종차별이 벌어졌다.

일본인 교사의 민족차별적 언사를 자세히 분석해보면 빈번하게 등장하는 핵심 용어 세 가지가 있는데, 바로 '야만 인종', '민족성', '망국민'이다.[15] 야만 인종론은 서양과 일본은 문명국으로, 한국은 야만국으로 대비함으로써, 한국인을 비하하고 야만 인종으로 낙인찍은 일제강점기의 대표적인 의식 체계였다. 일본은 "차이가 있어서 차별하는 것이 아니라 차별하기 위해 차이를 만들어"냈다.[16] 인종주의는 생물학적 특성에 따라 인간 집단을 분류하는 행위에서 저절로 나타나는 것이 아니라 프로파간다와 같은 작위적·정치권력적 행위를 통해 탄생한다.[17] 일본은 야만 인종론처럼 피지배 민족과의 차이를 강조하는 허구의 논리를 만들어내 식민 지배를 정당화했고, 민족 간 위계를 확립했다. 한국인은 거의 반세기 동안 이 담론에 무기력하게 노출될 수밖에 없었다. 이러한 역사적 경험에 비추어본다면 오늘날 한국인이 인종주의를 갖게 된 것은 어찌 보면 자연스러운 현상일지 모른다.

한편 민족성론은 한국인은 교활하고 야만스럽다는, 즉 후진적이고 부정적인 민족성을 가졌다고 비하하는 논리다. 망국민론은 "망국민은 할 수 없다"라는 말처럼 한국인 전체를 폄하하고 무시하는 논리다. 야만 인종론, 민족성론, 망국민론은 유기적으로 결합해 결국 한국인과 일본인의 위계를 구성했다.

일제강점기 민족차별은 학교에서만 벌어진 일이 아니었다. 조선헌병대사령부는 일본인이 우월감에 사로잡혀 한국인을 멸시하는 행위를 조사했는데, 그중 대표적인 사례들은 다음과 같다.

- "조선인 머리는 개와 다르지 않다"라며 모욕했다.
- 영화관에서 한국인을 일본인과 다르게 좋지 않은 자리로 안내했다.
- 일본인이 목욕을 마치지 않았다고 목욕탕에 들어가지 못하게 했다.
- 한국인 손님을 모욕하고 뺨을 때리며 쫓아냈다.
- 돈이 없다며 치료비를 수년간 내지 않고, 오히려 한국인 병원 수금인을 때려 다치게 했다.[18]

한국인은 일제강점기에 당한 차별과 모욕을 반세기가 지난 오늘날 주로 동남아시아인에게 고스란히 되돌려주고 있다. 뒤에서 자세히 서술하겠지만, 우즈베키스탄 출신 귀화 여성의 목욕탕 출입을 막은 사례, 인도 출신 성공회대학교 연구교수 보노짓 후세인Bonojit Hussain이 버스에서 인종차별적 모욕을 당한 사례, 이주노동자의 임금을 제때 주지 않고 떼먹은 사례 등 일본이 한국인에게 한 것과 유사한 인종차별이 오늘날 한국에서 횡행하고 있다. 가해자와 피해자의 이름만 바뀌었을 뿐이다.

이런 식의 민족·인종차별이 일상적으로 이루어지게 되면 차별받는 대상은 집단적 자기비하와 자기혐오에 빠지고, 열등감을 깊숙이 내재화하게 된다. 1937년 중일전쟁이 발발하면서 한국에 대한 황민화 정책과 통제가 더욱 거세졌는데, 1930년대 초부터 강요된 신사참배와 더불어 조선어 교육 축소(1938), 창씨개명(1940), 조선어 신문 폐간(1940)[19] 등이 이어졌다. 자신의 언어와 이름을 빼앗기고 생각을 표현할 수 없게 된 한국인은 정체성의 혼란을 겪으며 의식 깊은 곳에 열등감을 각인했다.

과학으로 '증명'된 열등한 피

당시 일본이 얼마나 철저하게 한국인의 열등함을 주장했는지는 한국인의 '몸'을 대상으로 한 일본인 학자들의 연구에서 잘 드러난다.[20] 일본은 한국인이라는 집단 전체가 공통으로 가진 신체적 특징과 그 열등함을 강조했고, 이로써 민족의 역사까지 재구성하고자 했다. 1905년 을사조약 이후 대학이 설립되고 일본인 교수들이 부임하면서 한국인의 신체 연구가 본격적으로 시작되는데, 주도적인 역할을 한 사람이 구보 다케시久保武였다. 그는 1908년부터 대한의원 교육부의 해부학 주임교수로 재직하며, 일본인과 한국인의 신체를 비교하는 여러 논문을 발표했다. 특히 〈조선인의 인종해부학 연구〉에서 그는 "민족 통치의 관점에서 인종해부학을 논의"하는 것과 "각 민족의 체질에 관해 계통마다 우열을 연구해서 개선토록 교육하고 연습하는 것"의 중요성을 강조했다.[21] 당시 일본인 학자들이 식민 지배에 활용할 이념으로 삼고자 한국인의 신체를 연구했음을 엿볼 수 있는 대목이다.

그런데 서양인 학자들이 피부색처럼 외견상 다른 신체적 특질을 지닌 인종 집단을 주요 연구 대상으로 삼았던 것과 달리, 일본인 학자들은 인종분류학적으로 자신들과 매우 유사한 민족인 한국인을 다뤄야 했다. 그 결과 탄생한 이론이 바로 일선동조론日鮮同祖論이었다. 이에 따르면, 일본인과 한국인은 같은 조상에서 나온 피로 맺어진 가까운 혈족이고, 따라서 일본인과 한국인은 신체적으로 매우 유사하다. 그러나 일본인과 한국인은 문화적으로 차이가 큰데, 한국은 후진적인 문화를 가지고 있으므로 일본의 식민지가 되는 것이 마땅하다. 서양인 학자들이 '차이'에 따라 대상을 타자화했다면, 일본인 학자들은 '유사성'을 기반으로 한국인을 타자화했던 셈이다. 이로써 한국인의 독자적 정체성은 부정되고, 후진성과 타율성이 강조되었다.[22]

이는 일본의 독특한 '의사擬似 오리엔탈리즘'을 한국에 적용한 사례였다. 즉 서양인과 비교하며 동양인을 열등한 존재로 폄훼하는 서구의 오리엔탈리즘을 일본인은 같은 동양인인 한국인에게 투사했다. 이 의사 오리엔탈리즘의 시각에서 일본은 문명국이고 한국은 야만국이라는 단순한 도식이 만들어졌다. 일본은 서구처럼 문명개화해 우월한 나라인 반면, 한국은 낡고 오래된 풍속과 관습을 버리지 못한 미개하고 열등한 나라라는 것이었다.

한국인의 열등함을 주장하기 위해 일본인 학자들은 '피'도 연구했다. 1919년 독일인 학자 루트비크 히르슈펠트Ludwick Hirschfeld와 한카 히르슈펠트Hanka Hirschfeld는 혈액형 B형보다 A형이 진화한 형태이므로, 백인일수록 A형의 출현 빈도가 높아지고, 유색인일수록 B형의 출현 빈도가 높아질 것으로 예측했다.[23] 그들은 A형인 사람의 수를 B형인 사람의 수로 나눈 '인종계수'라는 수치를 개발했는데, 분석 결과 그들이 세운 가설대로 백인이 비백인보다 인종계수가 높은 것으로 나타났다. 이 연구는 과학이 서구의 인종주의를 정당화하는 데 이바지한 중요한 사례로 꼽히는데, 일본은 이를 한국인의 열등함을 주장하기 위한 근거로 재활용했다.[24] 경성의학전문학교 외과교실 교수 기리하라 신이치桐原眞一와 그의 연구팀은 인종계수를 그대로 한국에 적용했다. 그 연구에 따르면 한국에 거주하는 일본인의 인종계수는 1.78인 반면, 한국인은 1.07로 나타났다. 일본과 가까운 전라남도의 한국인은 1.41로 가장 높았고, 평안북도(0.83), 경기도(1.00), 충청북도(1.08) 등의 한국인은 매우 낮았다. 이러한 결과는 자연스럽게 열등한 한국인은 우월한 일본인에게 지배당할 수밖에 없다는 식민사관으로 이어졌다. 과학의 옷을 입고 한국인은 피까지 열등하다고 주장한 인종계수 연구는 한국인에게 스며든 자기비하, 수치심, 열등감을 더욱 자극했다.

민족 개조와 인종 전쟁

일본이 식민 지배 이념으로 동원한 '한민족 열등성론'은 일부 한국인에게 수용되었다. 1920년대 초 이광수 등이 주창한 '민족 개조론'이 그 증거인데, 비록 개선과 문명화를 명분으로 삼기는 하나 민족 개조가 필요하다는 명제는 곧 개조가 필요한 열등한 민족이라는 가정을 내포하고 있기 때문이다. 일제강점기의 언론인이자 문학가인 이광수가 《개벽》에 실은 다음 글은 한민족 열등성론을 저항 없이 수용하는 모습을 보인다.

> 조선 민족 중에 이러한 사람이 많게 하자, 그리하여 마침내는 조선 민족으로 하여금 참되고, 부지런하고, 신의 있고, 용기 있고, 사회적 단결력 있고, 평균하게 부유한 민족이 되게 하자 함이외다. 불행히 현재의 조선인은 이와 반대외다. 허위되고, 공상과 공론만 즐겨 나태하고, 서로 신의와 충성이 없고, 임사臨事에 용기가 없고, 이기적이어서 사회 봉사력과 단결력이 없고, 극히 빈궁하고, 이런 의미로 보아 이 개조는 조선 민족의 성격을 현재의 상태에서 정반대 방향으로 방면을 변환하는 것이라 할 수 있다.
>
> _이광수, 〈민족개조론〉, 《개벽》, 1922년 5월.

이 짧은 글귀에서 이광수는 한국인의 부정적 특질을 족히 10개나 나열한다. 사실 그 내용은 한국인의 열등함에 대한 근거로 일본이 줄곧 제시했던 것들이다. 한민족 열등성론이 오랜 기간에 걸쳐 전파되고, 또 한국인에게 내재화된 결과다.

일제강점기 후반의 총력전하에서 인종은 식민지의 주요 담론이 되었고, 이로써 한국인은 서구의 인종 개념에 더욱 익숙해졌다. 전후 오랫동안 한국에서 제2차 세계대전은 '전체주의 대 민주주의의 전쟁'으로 규정되었다.[25] 그러나 전역별로 제2차 세계대전을 구분해 아시아-태평양전쟁을 살펴보면, 그것은 미국과 일본의 패권 전쟁이라는 성격을 넘어서서 '인종 전쟁'의 성격을 띠었다. 즉 '서양-백인 대 동양-황인의 전쟁'으로서 제2차 세계대전을 이해할 필요가 있다. 이러한 인종 전쟁의 표상은 한국의 담론 공간에도 등장했고, 이는 한국인의 인종관 형성에도 영향을 미쳤다. 일례로 1936년부터 1942년까지 제7대 조선총독을 역임한 미나미 지로南次郎[26]는 1941년 12월 호《국민총력》에 실린 인터뷰에서 "미국과 영국은 동양의 물자에 의지하며 입으로는 정의, 인도를 부르짖으면서도 전통 정책은 동양인의 노예화를 기도"한다고 주장하며, 당시 지배층의 인종 중심적 식민주의관을 가감 없이 드러냈다. 조선영화인협회 상임이사였던 안석주安碩柱도 1941년 12월 18일 자《매일신보》에 기고한 〈대동아전과 영화인의 임무〉에서 "미영과의 대동아전에서 동아세아의 해방뿐 아니라 황인의 미래의 안녕을 위해서 싸운다는 이념도 있어야" 한다고 주장했다. 또한 이화여자전문학교 교장 김활란은 1942년 2월 호《조광朝光》에 기고한 〈여성의 무장〉에서 아시아-태평양전쟁을 '앵글로·색슨 인종 대 동양인의 전쟁'으로, 일본이 앵글로·색슨 인종의 침해에서 동양인을 보호하려는 성스러운 싸움으로 설명했다. 당시 전쟁 선전물에는 '우리 황색 인종'이라든지 '우리 일본을 중심으로 한 황색 인종'이라는 표현이 자주 등장하는데,[27] 한국인을 황색 인종, 즉 황인으로 정체화하려는 시도였다.[28] 이는 1940년을 전후해 인종이 한국의 담론 공간에서 주요한 인식론적 틀로 기능했음을 보여준다.

민족주의의 등장

자기혐오, 자기부정, 인종에 대한 집착과 인종적 위계질서를 조선에 심은 일본의 식민 지배는 한국식 인종주의의 형성과 관련된 또 다른 요인을 불러왔다. 바로 민족주의인데, 일본이라는 외부에서 가해지는 폭력에 대응하기 위해, 또 부재하는 국가의 공백을 채우기 위해 우리 내부에서 민족주의가 대두되었다. 이후 민족주의는 식민지 해방, 근대국가 건설, 분단 극복과 통일, 경제성장, 세계화 추진 등을 위해 한국 역사에서 끊임없이 새롭게 구성되고 변형되어 현재에 이르고 있다.[29] 이처럼 한국 정치의 상수라고 할 수 있는 민족주의는 한국식 인종주의와 근저에서 영향을 주고받아왔다.

　　일제강점기의 민족주의는 저항적 민족주의의 성격을 띠었다. 일제강점기의 독립운동가이자 민족주의 사학자인 신채호가 이 담론의 창시자였다. 그는 이순신, 최영, 을지문덕 등의 인물을 다룬 영웅전을 집필해 민족의 숭고함을 강조했고, 단군의 자손인 한민족이 단결해 일본의 제국주의에 맞서 투쟁하고 독립을 쟁취해야 한다고 주장했다. 영국을 대표하는 역사학자인 에릭 홉스봄

Eric Hobsbawm과 테런스 레인저Terence Ranger는 민족 및 이와 관련된 현상들은 비교적 최근의 역사적 혁신으로서, '발명된, 또는 만들어진invented 전통'이라고 보았다.[30] 국가를 '상상의 공동체 an imagined community'로 개념화한 베네딕트 앤더슨Benedict Anderson도 근대 자본주의 국가들이 사회 통합을 위해 민족주의를 발전시켰고, 이 과정에서 민족이 만들어졌다고 주장했다.[31] 이들의 주장에 따르면 '한민족'은 영원불변한 것이 아닌 상상의 공동체를 구성하는 구성원일 뿐이다. 즉 일본의 지배를 받기 시작하면서 단군을 시조로 둔 2000만 명의 한민족이 상상되고, '분노의 공동체'가 만들어지기 시작한 것이다.

1910년 당시 한국의 인구수는 약 1600만 명으로 '2000만 동포'라는 표현은 과장된 수사였으나, 주권국가로의 독립을 주장하는 연설에서 자주 언급되었다.[32] 일본의 식민지가 되면서 사람들은 분노와 수치심으로 들끓었고, 머릿수를 과장하면서까지 모든 사람이 결속해야 함을 강조하는 민족주의적 서사가 만들어졌던 것이다. "'단군 할아버지'라는 한 분의 조상에서 오늘날의 한국인이 모두 퍼져 나왔다는 것은 극단적 민족주의와 부계 혈통주의가 결합된 아주 난폭한 주장"이라는 지적대로,[33] 단일민족주의나 순혈주의가 수천만 년을 거슬러 올라가는 우리의 유구한 전통이라는 주장은 사실이 아니다. 실상 한국인은 구한말이 되어서야 단군을 한민족의 시조로 보고, 민족 전체를 '2000만 동포'라는 혈연적인 집합체로 사유하기 시작한다. 즉 한민족은 영속적·자연적 실체가 아니라 120여 년 전에 '상상되고 발명된' 역사적 산물이다.

일제강점기에 민족주의는 핵심적인 사조이자 많은 한국인의 지배적인 감정으로 등장했다. 일본의 식민지로 전락함으로써 근대국가 건설에 실패한 상황에서 민족은 유일하고 절대적인 선이 되었다. '민족'은 무수한 형태의 '우리' 중 하나로서, 혈통, 지역성, 언어, 문화 등에서의 동일성 및 차이 놀이를 통해 형성되는 '우리',[34] 또는 '우리'를 '그들'과 구별하는 습관적 실천의 총체[35]로 정의된다. 따라서 민족은 생물학적이기보다는 사회적·문화적인 개념이다.[36] 피의 순수성이라는 것은 민족을 구성하는 여러 요소 가운데 하나에 지나지 않는데도 우리나라에서는 언제나 제일 중요한, 또는 거의 유일한 요소로 여겨져왔다.[37]

황색 식민지에 가득한 배제의 논리

민족은 보통 때는 느슨한 개념으로 존재하다가 외세의 침략 등 외부에서 자극이 가해지면 뚜렷하게 형성된다. 즉 '민족 동일성'의 내부성은 상대적인 것으로, 외부성과의 관계에 따라 좌우된다.[38] 예를 들어 유대인 내부에서는 별다른 영향력을 갖지 못했던 시오니즘은 나치의 도발로 힘을 얻었고, 결국 이스라엘을 건국하는 데 성공했다. 이와 비슷하게 일본 제국주의라는 외부에 저항하는 민족주의가 한국인 내부에서 꽃을 피웠다. 그러나 혈통을 중시하고 동질성과 순수성을 중요하게 생각한다는 점에서 이때의 민족주의는 배타적 민족주의의 단초가 되었고, 우리와 조금이라도 다른 타자에게 폐쇄적인 배타성을 낳았다.

그런데 이 과정에서 한국인의 열등감이 '문명화'된 서구와의 접촉을 통해 거듭 재확인되는 일이 벌어졌다. 파농은 독립성과 선택의 기회를 빼앗긴 식민지인은 영혼 깊은 곳에 열등감을 새기게 되고, 누군가와 자신을 끊임없이 비교하게 된다고 주장했다.[39] 그 비교 대상의 꼭대기에 백인이 존재하고, 따라서 문명화된 서구와 접촉할수록 열등감은 강해진다. 여기서 벗어나기 위해 식민지인은 자신의 문화적 기준을 가혹하게 비난하게 된다.

한국인도 비슷했다. 미개하고 열등한 자신들의 이미지에 사로잡혀 미국적인 것을 우월한 것으로 받아들였다. 개화기 이후 한국인에게 미국이라는 나라는 근대화의 지향점이자 식민 지배하의 상황에서 의지했던 구원자 같은 존재였다. 실제로 미국은 구한말부터 일제강점기까지 서구 국가 중 한국에 가장 큰 영향력을 행사했다. 전기, 전차, 수도, 전화, 전신 등의 설계 및 운영을 대부분 미국인이 담당했다. 미국산 제품의 수입은 개화기 이래 1920년대 초까지 계속 증가하다가, 1930년대 중반까지 100만 엔 정도의 규모를 유지했는데, 일본을 제외한 나라 중에서 가장 큰 액수였다.[40] 그때는 상영되는 영화의 60~70퍼센트가 미국 영화였을 정도로, 경제부터 문화까지 다방면에 걸쳐 미국의 영향력은 대단했다.[41]

근대문학사상 최초의 장편소설로 평가받는 이광수의 《무정》은 당시 미국이 한국에 어떠한 나라였는지를 잘 보여준다. 결말에서 주인공 커플인 형식과 선형은 미국으로 유학해 시카고대학교를 졸업하는데, 이는 암담한 한국의 현실을 문명화를 통해 타개하고자 한 나름의 시도다. 이처럼 당시 한국인은 미국을 향한 '구원자 신화'를 신봉하고 있었다. 반면 미국은 한국에 무관심한 태도를 보였다. 일본의 침략 야욕에 위협을 느낀 고종이 워싱턴에 특사를 보냈으나 미국은 묵살했고, 1905년 을사조약이 맺어지자 주한 공사 호러스 뉴턴 알렌Horace Newton Allen은 이를 축하하는 파티를 열기까지 했다. 이후 미국은 일본의 권리를 존중해 한국에서 가장 먼저 공사관을 철수했다.[42]

당시 한국을 가리켜 '황색 식민지'[43]라고 칭하기도 한다. 황색은 지배자 일본인을 뜻하는 동시에, 백인 문명에 대한 환상을 품은 피지배자 한국인의 피부색을 뜻한다. 즉 현실에서는 일본인이라는 같은 황인에게 억압당하면서도 심리적 차원에서는 백인 문명, 특히 미국을 동경하는 황인의 심리적 굴절을 표현한 것이다. "마다가스카르항에 도착한 백인들은 그곳의 수평선뿐 아니라 주민들의 심리적 메커니즘도 함몰시켰다"라는 파농의 지적처럼,[44] 일본은 한반도를 침탈하는 동시에 한국인의 심리적 메커니즘에 큰 외상을 남겼다. 그 결과 순혈주의와 단일민족을 강조하는 민족주의적 배타성이 배태되었고, 숭미의식이 깊이 뿌리내렸으며, 이로써 미국의 인종주의를 큰 성찰 없이 품게 되었다. 이러한 민족주의와 인종주의의 의도치 않은 만남으로 한국식 인종주의는 서서히 완성되어갔다.

3장

한국전쟁기: 피만큼 중요한 반공과 숭미

1945년 한국인은 열등감, 원한, 피해의식으로 가득한 채 해방을 맞이했다. 그러나 식민 지배의 트라우마가 채 회복되기도 전에 또 하나의 비정상적인 역사를 경험하게 되었다. 바로 1950년 발발한 한국전쟁으로, 동족상잔의 비극은 1953년 일단 멈추었지만, 오늘날까지 우리의 정치 체제, 대외 관계, 가치관, 삶 등에 계속 영향을 미치고 있다. 무엇보다 한국전쟁과 이후 등장한 반공주의는 한국식 인종주의 형성에 적지 않은 영향을 미쳤고, 지금도 힘을 발휘하고 있다. 한국 사회는 시대마다 지배적인 이념을 가졌는데, 1950년대는 '반공주의와 미국식 자유민주주의', 1960년대는 '반공주의와 발전주의', 1970년대는 '반공주의와 발전주의, 한국식 민주주의'가 압도적인 역할을 했다.[1] 이처럼 1950년대 이후 반공주의는 시대를 불문하고 우리 사회를 지배하는 담론이었다. 특히 1950년대는 반공주의 담론이 절대적인 지위를 차지해 어떠한 저항 담론도 존재할 수 없었다.

우리 민족은 일제강점기를 거치며 민족과 국가가 분리되는 경험을 했고, 해방 후에는 분단이라는 또 다른 형태로 민족과 국가의 불일치를 겪게 되었다.[2] 한 민족 내부에서 북한과 남한이라는 두 민족국가가 수립되고, 한국전쟁을 치르면서 '반공', 또는 '멸공'의 이름으로 서로를 극단적으로 배척했다. 이 과정에서 조금이라도 우리와 다른 집단은 타자화하는 배타성이 점점 강화되었다. 한국식 인종주의의 강한 배타성은 이 시대의 역사적 경험에서 비롯되었던 셈이다.

반공은 용어 그대로 '공산주의에 반대한다'는 뜻이다. 즉 공산주의라는 하나의 '주의'에 대항하는 것을 의미한다. 북한과의 전쟁 경험은 국가가 주도하는 반공 기조를 따라 전 국민이 하나의 이념 아래 결속하는 결과를 낳았다. 남한의 지배 세력은 반공주의를 내세워 대중을 동원하고 반대 세력을 탄압하며 정권을 유지했다. 특히 그들은 친일 경력 탓에 지지 기반이 불안했으므로, 기득권 유지를 위해 미국이 내세우는 반공주의를 받아들여야만 했다.[3] 그런데 당시 반공주의는 위에서 강요한 것만은 아니었고, 아래에서도 적극적으로 수용되었다.[4] 대중은 한국전쟁을 통해 생사의 경계를 넘나드는 극한 경험과 공포를 직접 체험함으로써 반공주의를 순순히 수용했다. 당시 우리 사회에서 반공주의는 일종의 '회로판' 역할을 했다.[5] 즉 공산주의에 대한 적대적 태도를 끊임없이 재생산해냄으로써 일상적 삶과 사고의 모든 영역에서 획일성, 배타성, 일원주의 등을 만들어냈다. 이로써 한국인의 의식 속에 내면화된 반공주의적 세계관은 특정한 정치사회적 사고와 행위를 자동적으로 유발했다.

반공주의로 날을 세운 공격성

분단과 냉전 체제하에서 반공주의는 가장 절대적인 이념으로 강제되었고, 공산주의를 막아낸다는 명분하에 검열, 통제, 단결, 복종의 논리가 저항 없이 받아들여졌다. 냉전은 아군과 적군이라는 이분법을 강화했고, 한국인은 '우리'와 '타자'의 경계선 긋기에 익숙해지고 숙련되었다. 그러면서 개인의 다양성과 주체성은 민족의 단합을 저해하는 것으로 간주되었고, 반공을 위해 우리 사회는 반反다양성과 무관용을 중심으로 똘똘 뭉쳤다. 강력한 내적 결속력은 급속한 근대화를 가능하게 한 원동력이 되기도 했으나, 한편으로는 반대를 용납하지 않고 전체적인 기준에서 어긋나는 태도를 처벌하는 한국 특유의 반공주의를 낳았다. 이는 타 집단에 폐쇄적이고 관용적이지 못한 한국식 인종주의를 구성하는 한 요소가 되었다.

반공주의를 사회에 확산시키기 위해 이승만 정부는 여러 가지 노력을 기울였는데, 그중 하나가 정부의 공식적인 담화를 통한 대중 동원이었다. 몇 가지 사례를 살펴보자.

1956년 11월 2일 이승만은 〈반공 전선에서 강한 백성이 되어라〉라는 제목의 담화를 발표하는데, A4 용지 한 쪽을 넘지 않는 짧은 분량에 '공산당', '공산', '반공' 등 반공주의와 관련된 단어가 아홉 번이나 등장한다. 이승만은 "목숨을 바쳐서 공산당을 물리치겠다는 결심이면 될 수 있는 것이며 하루라도 편히 살겠다는 것이면 성공을 이룰 수는 없는 것이니"라고 하며, "우리는 지금 반공 전선에서 제일 강한 백성"이므로 "약한 마음을 가지거나 낙심하지 말고 우리의 강토를 통일해나가도록 해야 할 것"이라고 역설한다.

1957년 9월 18일 발표한 〈고딘디엠 월남 대통령 내한에 환영사〉에도 '반공'과 '멸공' 단어가 총 다섯 번이나 등장한다. 이승만은 "각하의 이름은 공산 침략자에 대한 가장 강력하고 용감한 반공 투사로서 전 세계에 알려져 있습니다"라고 응오딘지엠Ngo Dinh Diem(고딘디엠의 현 표기)을 치하한 다음, "우리는 각하의 내한이 공산주의와 식민주의 및 기타 여하한 형태의 침략이라도 분쇄키 위한 단결된 아세아의 공동 투쟁에 새로운 기원이 되기를 바랍니다"라며 환영사를 마친다.

1958년 9월 13일 발표한 〈아이젠하워 미 대통령의 강경한 대만 정책에 대하여〉에서는 "우리는 한국을 비롯하여 자유중국, 필리핀, 베트남 등 공산 침략의 위협을 받고 있는 여러 나라의 수호를 재천명한 미국의 결의에 대하여 심심한 감사의 뜻을 표한다"라고 하며, "공산주의가 패배당할 것은 의심할 여지가 없다"라고 강한 반공 의지를 드러낸다.

반공 의지로 점철된 성명은 이들 외에도 많다. 이처럼 반공은 1950년대부터 1990년대까지 한국 사회에서 끊임없이 호명되고 동원되었다. 반공주의는 다양한 방법으로 대중의 의식 세계에 침투했는데, 대표적인 사례가 1949년 7월 제정된 〈우리의 맹세〉였다. 이승만 정부는 학교 교과서에는 물론이고 모든 출판물의 맨 뒷면에 〈우리의 맹세〉를 의무적으로 싣도록 했고, 학생들에게 이를 달달 외우도록 했다. 〈우리의 맹세〉의 전문은 이렇다.

1. 우리는 대한민국의 아들딸, 죽음으로써 나라를 지키자.
2. 우리는 강철같이 단결하여 공산 침략자를 쳐부수자.

3. 우리는 백두산 영봉에 태극기 날리고 남북통일을 완수하자.

이때 쳐부숴야 하는 공산 침략자는 당연히 북한인데, 왜 우리는 동포에게 이토록 날 선 공격성을 보이게 된 것일까. 파농은 《대지의 저주받은 사람들》에서 지배당하는 민족은 자신들이 포위되어 있고, 그 정해진 경계를 넘어가면 안 된다는 것을 제일 먼저 배운다고 했다.[6] 이때 사람들은 마음속 깊이 감춰둔 공격성을 자기 동포에게 분출해 서로 싸우기 시작한다. 위에서 가해지는 폭력을 동료에 대한 폭력으로 치환하는 것인데, 지배당하는 상태가 피해자끼리 공감하거나 연대하지 못하도록 방해하기 때문이다.[7] 어쩌면 파농의 지적처럼 약 35년간의 일제강점기가 한국인의 내면에 공격성을 키웠고, 결국 이것이 반공이라는 이름으로 동포에게 향했을지 모른다.

반공주의는 민족주의와 결합해 우리 사회의 폐쇄성을 더욱 공고히 했다. 우리 민족 역사상 가장 비참한 동족상잔의 비극인 한국전쟁으로 죽음에 대한 공포와 전쟁의 광기를 경험한 남한은 독특한 극우공동체를 형성했다. 서구에서는 자유로운 개인에게서 근대 정치가 출발하고 그 후 개인의 자유를 보장해줄 정치공동체가 만들어진 것과는 반대로, 우리는 근대적 국가를 먼저 성립하고 그 후 정치적 주체로서 국민을 만들어내는 과정이 이어졌다.[8] 울며 겨자 먹기로 외세에 문을 열어주고는 식민 지배로 국가 건설 과정이 단절되자, 우리는 외세에 대응하기 위해 민족주의를 과도하게 강조했다. 이를 '과잉된 민족'이라 부를 만한데, 즉 민족

은 식민 지배에서 벗어나기 위해 모든 힘을 다 쏟아 바쳐야 할 대
상이자 단결의 구심점이었다.

하나의 민족, 하나의 국가, 하나의 대통령

해방 후 민족주의는 이승만 정부를 거치며 일민주의一民主義로 왜
곡, 변질되었다. 일민주의는 해방 정국의 어지러운 상황에서 국
민을 통합해 이승만을 전적으로 따르게 하려는 통치 도구였다.[9]
이 이념은 1948년 이승만을 영도자로 받들기 위해 발족한 대한
국민당에서 처음 등장했는데, 당시黨是로 "하나 아닌 둘 이상의 상
대적 존재가 있을 수 없다는 일민주의"를 내세웠다. 그해 7월 이
승만이 대통령에 취임하자, 곧이어 우익 단체인 대한청년단이
"우리는 총재 이승만 박사의 명령을 절대 복종한다"라고 선언하
며 출범했다. 이에 이승만은 모든 국민이 따르는 이념이 되도록
일민주의의 토대를 놓으라는 내용의 행동 강령을 제시했다.

> 내가 기왕에 발포發布한 바 일민주의의 4대 정강은 우리 민
> 족의 민주주의의 토대가 될 것임으로 국민 전체가 이것을
> 절실히 흡수해야만 될 것이니, …… 이 주의만으로 철저히
> 믿는 남녀들로 굳게 결속하야 이를 일반 동포에게 널리 선
> 전 공작하야 이 주의를 모르는 사람이 없도록 목표로 삼고,
> …… 이 주의가 우리 국민의 기초 위에 주춧돌이 되도록 노
> 력하기를 부탁하는 바이다.[10]

이어서 1949년 12월 28일 〈국민에게 보내는 대통령 특별교서〉를 발표해 "이 일민주의가 동포의 마음속에 깊이 박히면 이것이 우리 민국의 영원 복리의 유일한 토대가 되어 어떠한 외국이 침범할지라도 우리 민족이 다 같이 죽기로 싸워서 민국을 영구히 부지하게 할 것이오"라며 민족의 생존과 복리 전략으로서 일민주의를 강조했다. '우리 민족'끼리 합심하고 단결하자는 일민주의는 본질적으로 '우리 피'를 가지지 않은 외국인을 배제하는 배타주의를 포함했다. 바로 이 지점에서 일민주의는 한국식 인종주의의 형성에 이바지했다.

일민주의는 일종의 전체주의로 평가되기도 하는데, 내부의 다양성을 없애서 하나의 동일성을 수립하고 그 동일성을 위협할 수 있는 타자들을 배제하는 논리이기 때문이다. 일민주의는 하나가 되는 것, 즉 통일성을 매우 강조한다.

> 하나인 민족으로서 무엇에고, 또 어느 때고 둘이 있을 수가 없다. 계급이 없어야 하며 차등이 없어야 한다. 하나이거니 지역이란 무엇이며 하나이거니 남녀란 무엇이냐. 우리 민족은 하나다. 국토도 하나요, 정신도 하나요, 생활에도 하나요, 대우待遇도 하나요, 정치상, 문화상 무엇에고 하나다.[11]

일민주의가 무엇인지 설명하고자 1949년 이승만이 직접 쓰고 출간한 《일민주의개술－一民主義槪述》에 실린 글귀다. 여기에서 이승만은 우리 민족이 어떤 측면에서든 하나가 되어야 하고 같아야 한다는 것을 강조하고 또 강조한다. 이때 일말의 다양성과 튀는 생각, 다른 가치관은 존재할 가능성 자체가 부정된다. 단일민족은 이승만에게 매우 중요한 것이어서 《일민주의개술》은 관련 내용으로 가득하다.

> 우리는 본래 오랜 역사를 가진 단일한 민족으로서 언제나 하나요, 둘이 아니다. 이 하나인 민족은 무엇에고 하나이어야 한다. …… 오랜 역사를 가진 언제나 하나인 이 민족이 결코 이류異類에게 물들이가 없다.[12]

> 하나가 미처 되지 못한 바 있으면 하나를 만들어야 하고 하나를 만드는 데 장애가 있으면 이를 제거해야 한다. 누구든지 독자의 일념이 일어날 때 이 하나에 위반되는 바 있거든 곧 버리라.[13]

단일성에 해가 되는 것이 있으면 신속히 제거하고 버리라는 주장은, 순혈주의 신화에 집착하고 우리와 혈통, 문화, 종교, 가치관이 다른 사람을 배제하는 인종주의와 맥이 닿는다. 1949년 이승만 정부는 '국경일에 관한 법률'을 제정해 삼일절, 제헌절, 광복절, 개천절을 국경일로 삼았다. 이 중 개천절은 단군이 민족국가를 건설하고 그에게서 한민족이 기원함을 경축하는 의미로 국경일이 되었는데, 이로써 단일민족의 전통을 상기시키고 지속시키고자 했다는 점에서 일민주의와 함께 단일성에 집중한 대표적인 사례였다.

"뭉치면 살고, 흩어지면 죽는다"

일민주의를 체계화하고 보급하는 데 중요한 역할을 했던 인물이 바로 초대 문교부 장관 안호상安浩相이었다.[14] 그는 "우리는 한 핏줄을 타고났으며 또 한 운명에 얽혀져 있다"라고 주장했다.[15] 그러면서 대종교의 초대 교조인 나철羅喆이 제시한 신으로서의 단군 개념, 화랑도, 홍익인간 사상을 적극적으로 선전했고, 특히 '인간을 널리 이롭게 한다'는 뜻의 홍익인간 사상을 교육 이념으로 채택했다.

또한 안호상은 학생들의 사상 통일과 단체 훈련을 강화하기 위해 조직한 학도호국단의 단장을 맡아 민족주의를 전파하는 데 박차를 가했다. 그는 일민주의적 민족 교육을 강조하며, 이는 당파성을 떠나 모두에게 같은 것을 교육하는 것이라고 설명했다. 그에 따르면 "일민주의야말로 우리 겨레가 먹고 살 샘물이요, 보고 갈 횃불"이었다.[16] 이처럼 동일성과 통일성을 최고 지향점으로 삼는 일민주의 교육하에서 조금이라도 다른 존재는 불순물이자 화합을 저해하는 것으로 타자화되기 마련이었다.

이승만 정부는 일민주의를 전국적인 운동으로 확대하기 위해 대한국민회, 대한청년단 같은 단체를 활용했다. 통합을 기치로 내세운 일민주의는 체계를 갖춘 이념으로 보기에는 매우 빈약했지만, 해방 후 한국 정치의 통치 이념으로 작동했다.[17] 특히 반공주의와 결합하면서 더욱 강화되었는데, 여순사건이 중요한 계기가 되었다. 1948년 10월 19일 여수 주둔 국방경비대 제14연 대 소속 군인들이 제주 4·3사건 진압 명령을 거부하며 정부군과 전투를 벌였다. 이는 남한 내 좌익 세력의 건재함을 보여준 것으로 이승만은 여순사건 수습에 총력을 기울였고, 이를 계기로 일민주의에 반공주의를 결합했다.[18] 이승만은 대한청년단 창단 격려사에서 "일민의 기치하에 공산주의를 쓰러뜨리자"라며 반공주의와 결합한 일민주의를 제창했다. 안호상은 "한겨레인 우리 일민이 공산주의로 말미암아 불행히도 분열되었으니, 통일을 위해 공산주의를 멸망시키는 것은 일민주의자의 절대적인 사명이자 의무"라고 주장했다.[19]

반공과 민족의 절대성은 당시 교육 과정에도 고스란히 녹아들었다.[20] 1955년 8월 시작된 제1차 교육과정기의 중·고등학교 사회과 교육 과정은 공산주의를 물리치고 민주주의를 강화해 국가와 민족을 부흥시켜야 함을 강조했다. 일반사회과의 교육 목표는 학생들을 애국·애족정신과 반공사상으로 무장시키는 것이었고, 중학교 사회생활과 교육 과정 중 '국가와 민족' 단원에는 단일민족으로 구성된 우리 민족의 특수성을 강조하는 내용이 담겼다. 1963년 2월 시작된 제2차 교육과정기에도 사회과의 교육 목표는 학생들이 투철한 반공 생활을 영위하게 하고, 애국·애족정신을 품게 하는 것이었다.

이제 국민은 반공이라는 목표를 따라 단일한 존재(일민)가 되도록 독려되고, 또 동원되었다. 일민을 만들기 위해 불순물로 간주된 것들은 제거되거나 억압되었고, 이승만 정부는 전국적인 조직과 경찰력을 동원해 이를 실행했다.

이승만은 아예 일민주의를 국민의 좌우명으로 삼고자 했는데, 이를 위해 보급회라는 전담 조직을 만들었다.[21] 또한 대한국민회나 대한청년단 같은 대중 단체들이 일민주의를 지도 이념으로 삼도록 했다. 이들 대중 단체는 시·군·읍·면별로 관민 합작을 위한 여러 위원회를 조직해 일민주의를 널리 퍼뜨리는 데 일조했다. 이론이 빈약하고 철학적 깊이가 얕아 엉성했던 일민주의는 한국적 전체주의 이념으로 강화되었고,[22] 이 과정에서 민족의 절대성과 단일성은 한국 사회의 기본값으로서 더욱 뿌리 깊게 자리 잡았다.

일민주의 자체는 시간이 흐르며 차츰 유명무실해졌다. 하지만 "뭉치면 살고, 흩어지면 죽는다"라는 그 유명한 이승만의 말처럼 단일민족으로서의 통합과 단결은 생존 및 번영과 직결되는 조건으로 우리의 의식 속에 단단히 자리 잡았다.[23] 그리고 이는 단일민족으로 뭉치는 데 방해가 되는 존재나 우리 민족이 될 수 없는 사람을 배제하는 것으로 이어졌다. 독자성이나 다원성은 인정되지 않았고, 강한 외집단 경계와 폄훼는 한국식 인종주의의 자양분이 되었다.

친미를 넘어 숭미로

개화기와 일제강점기에 일관되게 나타난 숭미주의는 한국전쟁 이후 더욱 강력해졌다. 일단 전후 유럽, 아시아, 아프리카 국가들에 미국화의 파도가 거세게 몰아닥쳤다. 수많은 미군 기지가 들어섰고, 미국의 경제적·군사적 원조가 쏟아졌다. 미국의 대중문화는 미국화된 생활 방식과 가치관을 세계 곳곳에 퍼뜨렸는데, 인종주의는 늘 그 선두에 존재했다.

이러한 흐름에 우리나라도 예외는 아니었다. 한국전쟁, 남북 간 대치, 빈곤 그리고 냉전은 미국을 다른 어떤 나라보다도 지배적인 위치에 올려놓았다. 당시 미군은 '점령군'의 성격이 강했으나, 대부분의 한국인은 미군을 '해방군'으로 간주했다.[24] 한국전쟁 이후 미국은 공산 진영에서 우리를 지켜주는 보호자와 같은 존재가 되어 반미反美는 금기시되었다. 이후 한국 사회는 오랫동안 미국 제국주의의 성격을 정확히 파악하지 못한 채, 숭미와 친미의 길을 계속해서 걸었다. 우리의 이러한 모습은 집단적 피해의식이 일본에 집중되어 다른 나라들의 야수성을 자각하지 못하고 상대적으로 관대하게 대한 결과라는 흥미로운 분석이 있다.[25] 예를 들어 미국은 한국전쟁 때 '이북 지역 융단 폭격'이라는 명목으로 수십만 명의 동포를 무참히 살해하고도 사죄의 말 한마디 하지 않았다.

이승만 정부는 친미주의의 극단을 보여주었는데, 미국 식민주의의 전형적인 사례인 필리핀 점령까지 무지한 필리핀인을 교육해 도와주기 위한 것으로 미화했다.[26] 뒤이어 집권한 장면 정부의 친미주의는 이승만 정부보다 더하면 더했지, 못하지 않았다. 친미 기조에 따라 환율을 50퍼센트나 올려달라는 미국의 요구를 그대로 수용했고, 굴욕적인 한미경제협정도 받아들였다. 당시 국시로 받든 반공주의도 친미주의를 특징으로 했다. 해방 후 지배 세력은 줄곧 미군정에 보호받으며 힘을 키웠고, 그 과정에서 냉전 체제를 대하는 미국의 인식을 우리나라의 반공주의에 그대로 반영했기 때문이다.

한편 해방 후 미국의 대중문화가 일본의 대중문화를 제치고 새로운 주류로 등장하게 되었다.[27] 일제강점기에도 서양인 선교사를 통해 미국의 대중문화가 유입되었으나, 일본 문화를 통해 매개된 형태로 유입된 것이라 직접적인 접촉은 아니었다. 그런데 해방과 함께 미군이 진주하면서, 한국인은 더 직접적인 방식으로 미국의 대중문화와 만나게 되었다. 미군이 방송을 직접 장악하고 관리하는 과정에서, 이를 의도적으로 계획했기 때문이다.[28] 미군은 한국인에게 접근하고자 만든 각종 방송 프로그램을 통해 자신들의 대중문화를 홍보했다. 일례로 라디오에서 흘러나오는 온갖 팝송을 들으며 한국인은 미국의 대중문화와 직접적으로 접촉하기 시작했다.

이후 한국전쟁을 계기로 접촉의 속도가 빨라지고 빈도가 증가하자, 수많은 한국인이 미국의 대중문화를 맹목적으로 동경하고 친미주의를 받아들이게 되었다.[29] 그 결과 초콜릿과 추잉 껌으로 대표되는 '친절하고 고마운 미군 아저씨', '북괴의 마수를 물리치고 우리를 구해준 고마운 나라'의 이미지가 자연스럽게 각인되었다.[30] 이렇듯 한국전쟁은 우리나라가 서구화, 미국화되는 데 결정적인 계기가 된 사건이었다. 미국은 이제 공동의 적에 맞서 함께 피를 흘린 '혈맹'으로, 한국인에게 누구보다 가깝고 중요한 존재로 자리 잡았다.

1952년 발표된 직후부터 크게 유행한 〈샌프란시스코〉라는 노래가 있다.

비너스 동상을 얼싸안고 소곤대는 별 그림자
금문교 푸른 물에 찰랑대며 춤춘다
불러라 샌프란시스코야 태평양 로맨스야
나는야 꿈을 꾸는 나는야 꿈을 꾸는 아메리칸 아가씨

나를 '아메리칸 아가씨'로 칭하고, 샌프란시스코에 있는 금문교를 생각하며 로맨스를 꿈꾸는 이 가사는 한국 대중문화의 미국 지향을 적나라하게 보여준다.

이처럼 당시 한국인에게 미국은 꼭 살아보고 싶은 낙원이었으며, 닮고 싶고 모방하고 싶은 욕망의 대상이었다. 그런데 한국전쟁 후 우리나라에 주둔한 미군은 노예 제도가 시행될 때의 위계적 인종 개념을 여전히 품고 실천하는 집단이었다. 백인 군인, 흑인 군인은 모든 영역에서 분리되어 생활했다. 심지어 잠자리나 식사 공간조차 피부색에 따라 분리되었다. 미군 기지 안의 클럽도, 민간이 운영하는 캠프 밖의 기지촌도 백인 따로, 흑인 따로 운영되었다.[31]

1967년 타 인종 간의 결혼을 금지하는 법이 완전히 폐지되었으나, 인종차별 문제는 오늘날까지 미국 사회를 괴롭히고 있다. 당연히 1950년대는 인종주의가 지금보다 더욱 극심했을 텐데, 한국은 미국과의 동일시 과정에서 이를 그대로 수용했다. 그

결과 미국 사회의 지배 계급인 백인의 편견이 한국인의 편견이
되고 말았다.

4장

경제성장기: 경제력으로 가른 인종의 귀천

한국식 인종주의가 서구의 인종주의와 다른 점 중의 하나는 경제적으로 저개발국 출신 외국인에게 특히나 차별적인 태도를 보인다는 것이다. 한국식 인종주의가 가진 이러한 이중성은 급속한 경제성장과 발전주의[1]라는 역사적 경험에서 태동했다. 즉 일제강점기에 경험한 '후진성'과 이후 근대화에 성공하며 경험한 '선진성'이 중첩되어 독특한 형태의 인종주의가 만들어졌다.[2] 식민 지배의 경험은 한국인의 의식 깊은 곳에 열등감을 각인했는데, 이를 극복할 충분한 시간적 여유와 문화적 성장 없이 경제부터 급속히 발전했다. 열등한 민족이라는 자의식에서 벗어나고자 하는 욕망이 그만큼 강렬했던 탓이다. 그러나 박정희 정권의 발전주의 기조하에 성취한 경제성장은 우리의 자랑인 동시에, 한국식 인종주의 형성의 중요한 계기가 되었다.

식민 지배에서 막 벗어난 국가들은 근대화와 함께, 앞서 나간 국가들을 따라잡기 위해 급속한 경제성장을 추진했다. 우리나라도 마찬가지였다. 식민 지배를 통해 경험한 민족적 수치와 모욕의 감정을 경제적 성공으로 보상받고자 하는 열망이 들끓었다. 이러한 보상 심리는 박정희 정권이라는 개발독재 체제와 맞물리며 과시적 소비주의, 물질만능주의라는 현대 한국 사회의 부정적 특징을 낳게 되었다. 한국인은 경제성장이 더딘 나라에서 온 외국인을 부유한 나라에서 온 외국인보다 더 무시하고 차별한다. 이른바 '국민총생산GDP 차별'이 한국식 인종주의의 한 모습인 것이다.

특히 우리나라는 자유경쟁의 시장질서를 갖추지 못한 미성 숙한 자본주의 상태에서 '과대 성장한overdeveopled' 국가의 개입 아래 급속하게 산업화되었다.[3] 이 과정에서 '우리 민족'은 감히 도 전할 수 없는 성역이 되었고, 그 밖에 놓인 '그들'은 배제의 대상 이 되었다. 국가 발전을 위해 줄기차게 노력하자는 독려는 경제 적·물질적 성공과 번영을 최상의 가치로 삼는 태도를 형성했다. 그 결과 한국식 인종주의는 피부색에 따른 차별뿐 아니라 돈이 많은지 적은지 따위를 따지는 경제적 차별을 동시에 수행하게 되 었다. 한국인이 가난한 나라 출신 외국인을 부유한 나라 출신 외 국인과 다르게 대하는 데는 바로 이러한 발전 지향적인 사고가 똬리를 틀고 있다.

물질적 풍요에 대한 욕망은 개화기 직후부터 미국 선교사들 의 선교 전략으로 활용되었다. 그들은 물질적 근대화에 대한 한 국인의 욕구를 선교에 활용했는데, 서구 열강의 부강함과 기술문 명이 기독교로 말미암은 것이라고 설교하거나, 가난한 가톨릭 신 부들과 차별화하기 위해서 개신교도들의 물질적 풍요와 안락함 을 과시했다.[4]

개화기와 일제강점기를 거치면서 근대성은 겉으로, 또 물질 적으로 드러나 확인될 수 있는 것을 의미하게 되었다. 특히 일제 강점기의 민족주의는 부국강병을 위해 민족을 각성시키자는 민 족 개조론과 실력 양성 운동 등으로 구체화되며, 물질문명 추구를 선명히 드러냈다. 이처럼 20세기 초반의 민족주의는 경제적 성공에 큰 가치를 부여하는 근대화 서사를 동력으로 삼았다.[5]

우리'만' 잘살아보세

이러한 성격의 한국식 민족주의는 박정희 정권의 발전주의와 결합해 '산업화 민족주의'로도 불린다. 1961년 5월 쿠데타를 통해 정권을 장악한 박정희는 경제성장[6]이라는 국가적 사업을 민족주의의 이름으로 단행했다. 민족주의는 경제성장의 도구로 활용되었고, '근대화=발전=민족주의'라는 등식하에서 성장과 발전은 최상의 가치로 받들어졌다. 정권 확보 과정에서의 불법성을 만회하기 위해 민족의 과업으로 포장된 경제성장은 1960~1970년대 한국 사회를 압도적으로 지배한 담론이었다. 쿠데타 직후 군사혁명위원회가 "절망과 기아선상에 허덕이는 민생고를 시급히 해결하고 국가 자주 경제 재건에 총력을 경주"하기 위해 군부가 궐기했다고 주장한 것이 그 시작이었다. 그 후 발전과 경제를 강조하는 메시지는 박정희 정권 내내 반복되었다.

　1964년 1월 1일 신년사에서 박정희는 "시급한 것은 경제를 안정시키고 하루속히 발전의 궤도 위에 올려놓는 일입니다"라고 강조했고, 1964년 1월 10일 대통령 연두교서에서는 '발전'이라는 단어가 무려 19번 반복되었다.[7] 1966년 11월 3일 제4회 학생의 날 치사에서는 "지금 우리는 민족의 중흥을 이룩하고, 조국을 근대화하기 위해 온 국력을 이에 동원해야 할 새로운 시대의 새로운 민족적 과제 앞에 서 있습니다"라고 말하며, "조국이 여러분에게 부과한 새로운 사명은 무엇이겠습니까. …… 그것은 조국의 근대화에 이바지할 수 있는 새로운 지식과 기술과 능력을 기르는 일일 것입니다. 이러한 여러분의 노력이야말로 여러분이 택할 수 있는 참다운 애국의 길인 것입니다"라고 독려했다. 기념일 치사 자리를 빌려서까지 학생들에게 경제성장과 근대화를 위해 최선의 노력을 다하라고 요구했다는 것은 발전주의가 정권의 지상명령이었음을 엿볼 수 있는 대목이다.

다음 해인 1967년 1월 17일 연두교서에서 박정희는 다음과 같은 메시지를 내놓았다.

나는 올해를 위대한 전진의 해로 정하고 근면과 저축과 겸손을 다시 우리의 행동 강령으로 삼아 증산, 수출, 건설에 총진군할 것을 온 국민에게 호소하고자 합니다. 정부와 국민이 한 덩어리가 되어서 조국 입국을 위한 전면 작전을 전개하자는 것입니다.[8]

'국민이 한 덩어리가 되어서'라는 표현에서 조금의 다름과 다양성도 수용하지 않을 결의가 비친다. 또한 '전면 작전을 전개하자'는 군사적 표현에서는 경제성장을 전쟁처럼 수행해야 한다는 비장함마저 느껴진다.

1968년 1월 1일 발표한 신년사에서는 "나는 여기서 올해를 '건설의 해'로 정하고 자신과 희망을 가지고 인내와 용기로써 위대한 전진을 계속할 것을 온 국민에게 간곡히 호소하는 바입니다. 중단 없는 우리의 조국 근대화 도정에 영광이 있을 것을 확신합니다"라고 말하며, 경제성장과 근대화를 위해 끊임없이 노력해줄 것을 당부했다.

이 시대의 경제성장은 곧 수출과 직결되었다. '수출만이 살길'이라는 구호에서 잘 드러나듯이, 수출량과 국민총생산 증가율이 매년, 매월 집계되고 발표되었으며, 실적이 우수한 기업들은 표창을 받았다. 두 수치는 점점 높아지며 민족주의적인 열정을 한데 모으는 견인차 역할을 톡톡히 해냈다. 이처럼 수출 주도형 경제성장을 추구하는 상황에서 내부의 계급 갈등은 감춰지고, 대신 '우리 대 타자', 또는 '우리나라 대 외국'의 이항 대립으로 갈등의 축이 형성되었다. 오늘날 우리와 우리가 아닌 집단을 빠르게 구분 짓는 한국인의 배타성 그리고 구분의 기준이 경제적 성공과 물질적 부가 되는 한국식 인종주의는 이러한 과정을 거쳐 점점 완성되었다.

이처럼 우리나라의 1960~1970년대는 경제성장이 최고선으로 치부되던 시기였다. '잘살아보세'라는 구호가 압축적으로 표현하듯이, 경제성장이라는 미명하에 개인은 각자의 개별성을 잃고 민족이라는 한층 높은 차원의 집합체에 통합되었다. 박정희 정권은 새마을 운동을 통해 전 국민을 조국 근대화의 역군으로 만들었고, 전국적으로 충무공 동상 세우기 운동, 반공 교육, 교련 교육 등을 실시해 민족정신과 반공주의를 강화했다. 경제성장이 진정으로 민족주체성의 구현이라고 세뇌하는 정치적 환경하에서 개인은 희생되었고, 집단과 민족만이 남게 되었다.

"민족중흥의 역사적 사명"

박정희가 민족을 강조한 이유는 다음의 발언에서 잘 드러난다.

> 지난 10여 년간 우리 민족을 오늘날과 같은 위기로 몰아넣은 원인을 '민족의식의 결핍'에서도 찾을 수 있을 것이다. '살아도 같이 살고 죽어도 같이 죽는다'는 운명공동체로서의 민족적 자의식이 너무나 결여되었던 것이 아닌가 생각한다. 민족의식이 결여되었기 때문에, 민족애가 없고 민족적 이익에 대해서는 조금도 생각하지 않았던 것이다.[9]

한마디로 민족의식이 매우 부족하다는 것인데, 1963년 9월 23일의 정견 발표는 한발 더 나아가 이를 민주주의 부재의 원인으로 돌린다.

> 남들이 그렇게도 좋다는 민주주의, 또 우리가 가져보려고 그렇게도 애쓰던 자유민주주의가 왜 이 나라에서는 꽃피지 않는 것인지 아십니까? 그 이유는 간단합니다. 자주와 민주를 지향한 민족적 이념이 없는 곳에서는 결코 진정한 자유민주주의는 꽃피지 않는 법입니다. 민족의식이 없는 사람들에게 자유민주주의는 항상 잘못 해석되고 또 잘 소화되지 않는 법입니다.[10]

이러한 논리에 따르면 개인은 민족이라는 공동체에 완전히 통합되어야 하므로, 따라서 개인에게는 민족의 일원이라는 정체성만 허가되었다. 이때 민족은 살아도 같이 살고 죽어도 같이 죽어야 하는 완전한 통일성, 단일성을 갖춘 존재였다. 이러한 사회에서 한민족에 속하지 않는다고 판단되는 개인은 가차 없이 버려졌고, 그들과 우리를 가르는 경계는 더욱 짙게 그어졌다. 뒤에서 논의하겠지만, 미군 주둔지의 혼혈인과 화교가 당시 '우리 민족' 안에 들지 못해 배제된 대표적인 집단이었다.

우리 민족 과잉은 박정희 정권의 문화 통제에서도 잘 드러난다. 당시의 우수 국산 영화 선정 기준[11]을 보면 18개 중 11개에 '민족', '국민', '국가' 등의 용어가 포함되어 있다.

1. 10월 유신을 구현한 내용.
2. 민족의 주체성을 확립하고 애국·애족의 국민성을 고무, 진작할 수 있는 내용.
3. 의욕과 신의에 찬 진취적인 국민정신을 배양할 수 있는 내용.
4. 새마을 운동에 적극적으로 참여케 한 내용.
5. 협동·단결을 강조하고 슬기롭고 의지에 찬 인간 상록수를 소재로 한 내용.
6. 농어민에게 꿈과 신념을 주고 향토문화 발전에 이바지할 수 있는 내용.
7. 성실·근면·검소한 생활 자세를 가진 인간상을 그린 내용.
8. 조국 근대화를 위해 헌신 노력하는 산업 전사를 소재로

한 내용.

9. 예지와 용단으로서 국난을 극복한 역사적 사실을 주제로 한 내용.

10. 국난 극복의 길은 국민의 총화된 단결에 있음을 보여준 내용.

11. 민족 수난을 거울삼아 국민의 각성을 촉구한 내용.

12. 수출 증대를 소재로 하거나 전 국민의 과학화를 촉진한 내용.

13. 국가와 민족을 위해 헌신하는 공무원상을 부각한 내용.

14. 우리의 미풍양속과 국민 정서 순화에 이바지할 수 있는 내용.

15. 건전한 국민 오락을 계발·보급해 생활의 명랑화를 기할 수 있는 내용.

16. 문화재 애호 정신을 함양한 내용.

17. 고유문화의 전승 발전과 민족 예술의 선양에 이바지할 수 있는 내용.

18. 창작에 의한 순수 문예물로서 예술성을 높인 내용.[12]

문화와 예술조차 국민의 총화된 단결을 보여주고, 조국 근대화를 위해 노력하라는 교훈을 전달할 정권의 이념적 지배 도구에 지나지 않았음을 잘 보여준다. 위 기준에 부합하는 영화가 만들어지고 보급되며, 폐쇄적 민족주의, 경제 제일주의, 발전주의 메시지가 대중의 의식 속에 더 확고히 자리 잡게 되었다.

교과서도 주체적인 민족의식을 강조하는 국가적 요구를 반영했다.[13] 1973년 8월 시작된 제3차 교육과정기의 중학교 사회과는 국토 통일과 민족중흥의 사명을, 고등학교 사회과는 민족중흥과 민족의 진로를, 고등학교 사회·문화과의 '국가의 발전 계획' 단원은 새마을 운동을 강조하는 내용을 담았다.[14] 개인은 민족의 일원으로 소속되도록 요구되었고, 이를 게을리하는 것은 책임과 의무를 다하지 않는 것으로 비난받았다. 이러한 과정을 따라 한국인은 더욱더 배타적 집단으로 진화하고, 한국식 인종주의도 완성되어갔다.

1960년대 후반부터 1990년대 초반까지 초등교육 과정을 밟은 사람들은 〈국민교육헌장〉을 기억할 것이다. 나도 〈국민교육헌장〉을 처음부터 끝까지 완벽하게 외웠던 기억이 있다. 지금은 고등학생인 조카가 다섯 살 때 가족 모임에서 〈국민교육헌장〉을 귀여운 목소리로 암송하고 큰 박수를 받았던 추억도 있다. 〈국민교육헌장〉의 전문은 이렇다.

우리는 민족중흥의 역사적 사명을 띠고 이 땅에 태어났다. 조상의 빛난 얼을 오늘에 되살려, 안으로 자주독립의 자세를 확립하고, 밖으로 인류 공영에 이바지할 때다. 이에, 우리의 나아갈 바를 밝혀 교육의 지표로 삼는다. 성실한 마음과 튼튼한 몸으로, 학문과 기술을 배우고 익히며, 타고난 저마다의 소질을 계발하고, 우리의 처지를 약진의 발판으로 삼아, 창조의 힘과 개척의 정신을 기른다. 공익과 질서를 앞세

우며 능률과 실질을 숭상하고, 경애와 신의에 뿌리박은 상부상조의 전통을 이어받아, 명랑하고 따뜻한 협동정신을 북돋운다. 우리의 창의와 협력을 바탕으로 나라가 발전하며, 나라의 융성이 나의 발전의 근본임을 깨달아, 자유와 권리에 따르는 책임과 의무를 다하며, 스스로 국가 건설에 참여하고 봉사하는 국민정신을 드높인다. 반공·민주정신에 투철한 애국·애족이 우리의 삶의 길이며, 자유세계의 이상을 실현하는 기반이다. 길이 후손에 물려줄 영광된 통일 조국의 앞날을 내다보며, 신념과 긍지를 지닌 근면한 국민으로서, 민족의 슬기를 모아 줄기찬 노력으로, 새 역사를 창조하자.

돌아보면 길디긴 글을 어떻게 외웠나 싶고, 이토록 철저히 반개인적이고 집단 지향적인 표현으로 가득한 글을 국민에게 외우도록 반강제했다는 사실이 놀랍다. 1968년 12월 5일 반포된 〈국민교육헌장〉은 1994년 교과서에서 삭제되기 전까지 약 27년 동안 교육 현장에서 활용되었다. 〈국민교육헌장〉을 암송하는 시험이 수시로 치러졌고, 제대로 외우지 못하는 학생은 체벌당했다. 〈국민교육헌장〉은 2003년 11월 27일 시행된 '각종 기념일 등에 관한 규정(대통령령 제18143호)'이 그 선포일을 국가기념일에서 제외하면서 공식적으로 폐지되었는데, 그때까지 이 글은 한국인의 의식에 적지 않은 영향을 미쳤다. 민족중흥과 국가 발전을 지상 과제로 설정하고 이를 위해 온 민족이 최선을 다하자는 맹세는 철저히 민족 중심적이고, 집단·국가 중심적인 사고를 지향했다. '우리 국가', '우리 민족', '우리 인종'에 속하지 않는 사람을 배제하는 것은 부자연스러운 일이 아니었다.

발전주의와 가족주의의 결합

〈국민교육헌장〉를 살펴보면, '반공·민주정신에 투철한 애국·애족이 우리의 삶의 길'이라는 표현이 나온다. 여기에서 암시되듯이 당시에도 반공주의는 건재했다. 문교부는 반공주의를 국민 이념으로 삼기 위해 1961년《반공 교육 강화를 위한 교육용 지침서》를 배포했고, 1962년부터 국민학교 도덕 교과서에 반공주의 관련 내용을 대폭 강화했으며, 1963년부터는 중학교에《승공 통일의 길》이라는 국정교과서를 보급했다.[15] 특히 1968년에 들어서면서 반공이 발전과 동일한 위치의 정책 목표가 되었는데, 당시가 한국전쟁 이후 전쟁 가능성이 가장 컸던 시기였기 때문이다. 365일 중 186일에 쌍방 교전이 발생했고,[16] 북한 특수부대의 청와대 기습 사건과 푸에블로호 나포 사건도 벌어졌다. 그보다 앞선 1965년에는 베트남전쟁 파병이 이뤄져 여러모로 한반도에 위기가 고조되었다.[17]

박정희 정권은 반공주의에 발전주의를 결합했는데, '일면 국방, 일면 건설'을 국정 지표로 삼거나, '싸우면서 건설하자'는 구호를 만들어 유포했다. 이는 '국방=건설', '경제력=국방력'이라는 기조하에 체제경쟁 이념을 살포함으로써 대중을 경제성장에 효과적으로 동원하고자 하는 전략이었다. 즉 당시 반공주의는 대결적 남북 관계에 기초하는 적대적 반공주의였고, 박정희 정권은 이를 경제성장을 위한 총동원 체제 운영에 활용했다. 이로써 국민에게 대북 경쟁의식을 부추겼으니, 반공주의적 경쟁은 '경제적 경쟁'과 '부국강병'으로 표현되었다.

개화기 이래로 지속된 미국 지향적 태도 또한 이어졌다. 박정희 정권에서 근대화의 주요 내용은 곧 서구화였다. 즉 서구적 가치관과 삶의 양식은 근대화를 대변하는 것으로 간주되었다. 한국전쟁 후 서구화, 특히 미국화는 우리 사회의 지배적 삶의 가치로 자리 잡았는데, 1950년대에는 다소 어설펐던 미국과의 동일시 욕망이 1960년대에 들어서면서 더욱 안정적인 형태를 띠게 되었다. 당시 발표된 서구풍의 대중가요를 살펴보면, 과거처럼 생경한 모습이 아니라 일상화된 삶의 풍경으로 묘사된 근대화와 경제성장에 대한 대중의 낙관적 기대가 엿보인다.[18] 한국의 지배적 문화 산물들은 대부분 외래문화의 압도적 영향 아래 이식되어 발전된 것이지, 전통문화의 자기 발전을 통해 이뤄진 것이 아니라는 지적은 타당하다.[19]

한 가지 더 한국식 인종주의가 만들어지는 데 이바지했던 요인이 있다. 당시 유인도 복지도 제대로 제공되지 않은 국가 주도의 숨 가쁜 발전주의가 큰 저항 없이 수용된 데는 가부장적 가족주의의 역할이 컸다.[20] 가족주의는 한국인의 타자 배제적 성향이 형성되는 데도 영향을 미쳤다. 한국전쟁과 산업화로 지역 단위의 공동체는 많이 파괴되었으나, 가족, 또는 친족이라는 원초적 공동체는 여전히 강력하게 남아 있었다. 가족주의는 국가를 대신해 복지를 제공했고, 시장에 대한 보호를 제공했다. 이에 국가는 가족주의를 노동의 사회적 재생산에 적극적으로 활용했다.

한국인의 언어생활에서 가족주의의 흔적을 찾아볼 수 있는데, 한국어에서 '우리'라는 일인칭 소유격 복수대명사는 복수의 개념을 넘어서서, 즉 복수로 설명될 수 없는 개념에도 종종 '나'를 대체해 사용된다. 예를 들어 내 어머니, 내 아버지를 '우리 어머니', '우리 아버지'라고 하거나, 내 회사, 내 나라를 '우리 회사', '우리나라'라고 하는 경우다. 이는 한국인만 공유하는 문화적 특징인데, 인간관계와 공동체의식을 중요시하는 한국의 전통적인 가치관과 관련이 있다.[21] '우리'라는 말을 사용함으로써, 내부적 통일성과 동질성을 강조하는 동시에 '우리'에게 속하지 않는 사람을 경계 밖으로 밀어내는 것이다.[22] 이처럼 사회를 강력하게 수직 통합하는 가족주의는 구성원들의 관습과 문화에 기반을 둔다. 가족주의의 이러한 성격은 결과적으로 개인의 독립성을 저해하고, 획일화를 강제하며, 다양성에 대한 관용을 억압하는 부정적인 측면을 야기한다.[23]

군부독재 시대를 압도한 공산주의와 결합한 발전주의, 친미주의 그리고 가족주의는 '우리 가족', '우리 친족', '우리 민족'의 범주에서 벗어나는 낯선 사람을 향한 배제와 무관용의 씨앗이 되었고, 이는 한국식 인종주의의 싹을 틔웠다.

5장

세계화 시대:
무한경쟁과
타자 혐오

한국전쟁 후 오랫동안 우리나라는 외국과의 접촉이 차단되었다. 1980년대까지 순수하게 해외여행을 가고자 하는 사람에게는 여권이 아예 발급되지 않았다. 일반인이 해외에 나가려면 해외 취업, 기업 출장, 유학 등 특별한 목적이 있어야만 했다. 외국에 나가려는 사람은 신원을 엄격히 조사받았고, 소양 교육을 이수해야 했다. 우리나라로 들어오는 외국인도 주한 미군 정도를 제외하면 매우 적었다. 그러다가 1983년 1월 1일부터 50세 이상 국민에게 한해 200만 원을 1년간 예치하는 조건으로 연 1회 사용할 수 있는 관광 여권이 발급되었다. 사상 최초로 관광 목적 해외여행이 자유화된 것이었으나, 나이와 재산에 기준을 둔 제한적 성격이었다. 이후 해외여행이 가능한 연령대가 해마다 조금씩 낮아지다가, 1989년에 해외여행이 전면적으로 자유화되었다. 그간 이룬 빠른 경제성장, 1986년의 아시안게임과 1988년의 서울올림픽을 성공적으로 치러낸 자신감 그리고 1987년의 6월 항쟁 이후 자유로워진 사회 분위기 등이 그 배경이었다.[1]

이로써 한국은 세계화 시대를 맞이하게 되었다. 대통령이 되어 제2차 아시아태평양경제협력체APEC 정상회의에 참석한 김영삼은 그 직후인 1994년 11월 17일 오스트레일리아 순방길에 나서며 '세계화'라는 단어를 최초로 사용했다. 이듬해인 1995년부터 김영삼 정부는 세계화를 국정 지표로 삼아 추진했다.[2] 그러면서 '생산성'과 '일류화'는 우리 사회가 달려가야 할 지향점이자 목표가 되었다. 김영삼 정부는 '신한국'이라는 국가적 목표를 제시하며, 서해훼리호 침몰부터 삼풍백화점 붕괴까지 당시 벌어진 각종 참사의 원인을 소위 '한국병'에서 찾았다. 이는 이광수와 심훈沈熏 등이 전개했던 민족 개조론적 사고와 유사한데, 이때부터 세계화와 그에 따른 국제경쟁력 강화는 한국 사회의 거대 담론으로 자리 잡게 되었다. 그 뒤를 이은 김대중 정부도 민주주의와 시장경제의 병행 발전을 국정 지표로 내세웠고, 외환 위기 극복이라는 명분하에 세계화에 부응하는 강도 높은 개혁을 수행했다.

한민족의 생존을 도모하라

이전 시대에 사회의 모든 영역과 구성원이 경제성장을 위해 동원되었듯이, 민주화 시대에도 개발주의는 사라지지 않고 계속되었다. 단지 외양과 이름을 세계화로 치장했을 뿐이다. 즉 과거의 반공주의와 발전주의는 폐기된 것이 아니라 지속되면서 변형되었다. 따라서 당시의 세계화 담론은 일종의 신근대화 담론, 또는 신성장주의 담론이었다. 이때 시장주의와 발전주의는 세계화 담론에 따라 변형된 형태로 강화되었다.

　　국가와 민족, 국경의 벽을 허무는 세계화가 퍼져나가면서 인종 간, 민족 간 분쟁이 오히려 증가하는 것은 국가들이 경쟁력을 강화하고, 이익을 추구하는 수단으로 세계화를 활용하고 있기 때문이다. 경제 전쟁 담론은 타민족을 적으로 간주한다. 즉 과거 근대화 담론이 반공주의를 기반으로 북한을 향한 '의사 민족주의'적 경쟁의식을 동원했다면, 세계화 담론은 국제경쟁력 강화를 주창하며 외부 민족과의 경쟁에서 승리해야 함을 강조하는 경제적 민족주의에 기초한다.[3] 따라서 세계화 물결은 민족주의의 종언이 아니라 부활을 가져올 것이라는 주장은 일견 타당하다.[4] 타민족을 파트너가 아니라 경쟁자로 간주하고, 그 경쟁자를 이기기 위해 노력해야 하는 시대에 다름을 수용할 다양성과 관용이 설 자리는 좁다. 경제성장을 달성한 후에도 여전히 여유 없는 의식 체계 때문에 이전 시대의 유산인 인종주의가 계속해서 몸을 키워나갈 환경이 조성된 것이다.

1993년 2월 25일 김영삼은 대통령 취임사에서 이러한 무한 경쟁 시대가 도래했음을 천명한다.

우리를 둘러싸고 있는 여건은 우리에게 결코 유리하지만은 않습니다. 냉전 시대의 종식과 함께 세계는 실리에 따라 적과 동지가 뒤바뀌고 있습니다. 바야흐로 경제 전쟁, 기술 전쟁의 시대로 접어들었습니다. 변화하는 세계에 제대로 대처하지 못한다면, 우리는 선진국의 문턱에서 주저앉고 말 것입니다. 도약하지 않으면 낙오할 것입니다. 그것은 엄숙한 민족 생존의 문제입니다.[5]

현재를 경제 전쟁과 기술 전쟁의 시대로 규정지으면서 변화하는 세계에 제대로 대처하지 못하면 낙오할 수밖에 없다는 경고가 눈에 띈다. 이러한 위기의식은 약 한 달 뒤인 3월 19일 발표한 신경제 관련 특별 담화문에서도 드러난다.

> 제가 대통령 취임사에서 말한 것처럼, 우리는 도약하지 않으면 낙오할 수밖에 없습니다. 이것은 엄숙한 민족 생존의 문제입니다.[6]

김영삼 정부의 중요한 정책 목표는 모든 국민이 다른 나라와의 경쟁에 노력을 쏟아붓도록 하는 데 맞춰졌다. 취임사에서 드러나듯이 현대 세계는 실리에 따라 적과 동지가 뒤바뀐다는 절박한 인식이 깔려 있었기 때문이다. '효율적인 정치 및 행정', '기업의 경쟁력 강화를 위한 규제 완화', '국제경쟁력을 갖춘 인적자원을 양성하는 교육개혁' 등의 표현에서 드러나듯이 경쟁력 강화 담론은 정부 정책의 모든 근거였다.[7] 심지어 당시 공보처가 제작한 어느 공익광고의 표어는 "주부도 경쟁력이다"였을 정도다.[8]

불안한 삶이 낳은 타자 혐오

세계화의 광풍이 분 시대적 상황을 1995년 2월 21일 자 《노동자 신문》은 "모든 매체에서 세계화란 단어가 찍히지 않은 곳이 없고 또 그 단어가 없으면 사상의 의심을 받을지도 모르는 형편이 되었다"라고 비평했다.[9]

당시 기업 광고에서도 세계화와 국제경쟁력 강화는 시대적 사명으로 제시되었다.[10]

- 세계 경영 대우가 앞장서겠습니다.
- 세계 초일류 기업 삼성이 있습니다.
- 일류가 아니면 기억하지 않습니다.
- 이제 LG의 고객은 세계입니다.
- 세계 최고를 지향하는 현대.

　이러한 메시지로 가득한 사회에서 적자생존과 우승열패의 분위기는 더욱 짙어지고, 타자, 또는 타민족에 대한 관용은 비집고 들어올 틈이 없게 된다. 세계화와 경제 제일주의가 한국 사회의 물질적 풍요와 번영에 이바지한 것은 사실이다. 그러나 현재 상태를 과도기로, 미래 목표를 반드시 성취해야 할 역사적 사명으로 설정함으로써, 구성원 모두에게 변화와 경쟁을 요구하는 분위기가 형성되면 사회적 긴장과 스트레스가 높아질 수밖에 없다.[11] 자연스레 타자와 약자에게 관심을 둘 여유는 사라진다. 실제로 김영삼 정부 들어 현실이 민족의 생존을 건 무한경쟁 시대로 정의되면서, 경제 전쟁을 강조하는 세계화 담론은 타자에 대한 차별을 정당화했다. 또한 신자유주의적 세계화 정책은 경제적 양극화와 불확실성을 가져왔고, 불안한 삶에 대한 두려움은 타자에 대한 혐오를 심화하는 결과를 낳았다.
　2001년 정보통신부가 펴낸 《한국정보통신 20세기사》는 다음과 같은 표현들로 당시의 사회적 분위기를 그렸다.

- 개인이든 기업이든 국가든 전자 공간을 지배하는 자만이

국제경쟁에서 살아남는 Cyber 경쟁 시대가 온 것이다.

- 21세기 사이버 영토경쟁에서 뒤지지 않기 위해서는 정부 차원에서도 특별법을 제정하고 별도 추진위원회를 설립하여 법적·제도적으로 뒷받침해야 할 것이다.
- 우리나라 IT기업들은 유기적인 협력 체제를 구축하여 인터넷 사업을 세계적인 규모로 성장시켜야 국제경쟁에서 살아남을 수 있을 것이다.
- 이 시대적 변혁에 순응하지 못하면 개인이든 기업이든 국가든 21세기 정보경쟁에서 낙오될 수밖에 없다.[12]

죽기 살기로 노력해서 경쟁에서 살아남아야 한다고 강조하고 또 강조하는데, 위협적으로 들리기까지 한다. 무엇보다 전 지구적인 경제 전쟁이라는 문제를 해결하기 위해 다시 한번 민족을 수단으로 동원했다. 김영삼 정부의 신년사들도 '민족 웅비'나 '민족 진운'처럼 나라의 운명 및 미래와 관련해 '민족'이라는 단어를 매우 빈번히 사용했다.[13] 세계화 담론은 외부 민족과의 경쟁에서 승리해야 한다는 경제적 민족주의에 기대, 우리 민족이 생존하려면 국제경쟁력을 강화해야 한다는 논리를 내세웠기 때문이다.

군부독재 시대와 민주화 시대의 공통점

이 시기의 흥미로운 현상 중 하나는 '전통적 미풍양속', '가족공동체', '도덕성 회복' 같은 언술이 빈번하게 사용되었다는 점이다.[14] 군부독재 시대에 가족주의가 강조되었던 것처럼, 민주화 시대에도 가족공동체, 전통 등의 중요성이 강조된 것은 세계와 경쟁하면서도 민족으로서 '우리'는 굳건히 지켜야 한다는 태도 때문이었다. 이는 세계화가 허상의 구호였음을 보여준다. 이처럼 두 시대는 언뜻 공통점이 없을 것 같으나, 성장을 우선시하고 민주화와 재분배에 대한 요구를 유보하는 등 여러 면에서 유사했다. 또한 인종주의적 관점에서 봤을 때 두 시대는 정권이 세운 국가적 목표의 달성을 위해 민족의 내적 단일성과 단결을 강조했다는 점에서도 닮았다.

김대중 정부에서도 민족은 중요했다. 김대중은 이념에 상관없이 민족 구성원을 통합하는 공동체의 수립을 주장했다. 통일을 위해 민족 정통성의 회복이 가장 필요하다고 보았기 때문이다. 그는 "민족 정통성이 서지 않는 곳에서는 민주 정통성이 설 수 없음"을 주장하며,[15] 내적 통합성을 강조했다. 민족주의에 대한 그의 생각은 아래와 같은 글에서 잘 나타난다.

- 내 민족을 사랑하는 것과 똑같이 세계의 모든 이를 사랑할 수 있도록 노력하자(1982년 8월 25일).
- 민족주의는 민주적이어야 한다. 그래야만 대외적으로는 독립과 공존을 양립시킬 수 있고, 대내적으로는 통합과 다양성을 병행시킬 수 있다. 민주주의 없는 민족주의는 쇼비니즘과 국민 억압의 도구가 되기 쉽다(1982년 9월 23일).
- 우리가 건설할 문화는 민족적 특수성과 세계적 보편성을 겸비한 문화다(1982년 11월 26일).[16]

폐쇄적 민족주의를 지양하고 열린 민족주의를 추구하나, 여전히 민족의 중요성이 강조되고 있다. 참고로 김대중의 민족주의는 민족 안과 밖의 구분이 종종 불분명했다.[17] 박정희의 민족주의는 '우리'와 '타자' 사이의 경계선이 매우 분명하고 민족 외부에 대해 배타적이었으나, 김대중의 민족주의는 세계화라는 새로운 환경 때문에 실용적 이익을 얻을 수 있다면 민족 내부의 결속성을 다소 양보하는 특징을 보였기 때문이다.

그렇다고 오랫동안 유지되어온 한민족 단일성이 쉽게 사라지는 것은 아니었다. 2002년 월드컵에서 나타난 붉은 악마 현상을 살펴보자. 혹자는 이를 민족주의의 표현으로 해석한다.[18] 붉은 악마는 외부 민족과의 경쟁의식을 기본으로 품었고, '상품으로서의 한국'을 외국인에게 잘 보여주고자 평상시보다 질서 있게 행동했기 때문이다. 특히 4강에 진출하며 우리 민족에 대한 자부심과 자긍심이 높아졌고, 이것이 붉은 악마의 열광적 응원을 가능하게 했다는 측면에서, 과거의 자학적 민족주의가 자긍적 민족주의로 변한 계기였다는 지적도 있다.

그런데 붉은 악마는 타민족에게 적대적인 한국인의 모습도 드러냈다. 한국과 일본의 2013년 동아시안컵 남자부 최종 경기가 열린 2013년 7월 28일 경기장의 붉은 악마 응원석 위에는 "역사를 잊은 민족에게 미래는 없다"라는 글귀가 적힌 현수막이 펄럭였다. 그 직전에는 이순신 장군과 안중근 의사의 영정이 내걸렸다.

'스포츠 애국주의'로 표현되는 붉은 악마 현상은 한국의 민족주의를 웅변한다. 국제축구연맹FIFA과 국제올림픽위원회IOC는 경기장 안에서 정치적 구호를 금지하고 있으나, 타민족과의 경기, 특히 일본과의 경기는 한국인을 매우 애국적으로 만든다. 평상시에는 국가에 대해 별로 생각하지 않는 사람마저 말이다. 국가별로 나뉘어 경기를 치르고 각 민족이 열광적으로 호응하는 스포츠의 세계는 민족 개념이 여전히 생생하게 살아 있음을 잘 보여준다.[19] 따라서 국경이 허물어지는 세계화 시대에도 '한민족'은 건재하고, 한국식 인종주의의 배타성은 더 강해지면 강해지지 전혀 약해지지 않는다.

6장

'K'의 시대: '멋진' 한국인의 그림자

일제강점기와 한국전쟁의 비극을 딛고 일어서 빠른 기간 내 급속한 발전을 이룬 한국인은 경제성장을 달성하지 못한 주변 민족보다 자신들이 우월하다고 생각하는 경향이 있다. 우리는 근대화와 문명화에 성공했으므로 우월하고, 그러지 못한 민족은 열등하다는 것이다. 개항기와 일제강점기에 제국주의를 표방한 서구와 일본이 우리에게 적용한 '서구·일본=문명화=우월', '조선=비문명화=열등'의 공식을 그대로 반복하는 셈이다. 이것을 과연 합당한 태도라 할 수 있을까.

'한민족 우월주의'는 '국뽕'이라는 신조어에서도 발견된다. 국뽕은 '국가'와 '히로뽕philopon'의 합성어로, 국가에 대한 자부심에 과도하게 도취한 상태를 일컫는다. 유튜브를 가득 채운 〈전 세계가 한국 ○○에 열광한 이유〉 〈외국인이 말하는 한국인의 대단한 ○○〉 〈깜짝 놀랄 한국 ○○의 해외 반응〉 유의 제목을 단 소위 '국뽕 콘텐츠'들은 그 질이 조악한데도 높은 조회 수를 기록하고 있다. 우리나라를 찬양하는 콘텐츠에 무조건 반응하는 사람들이 그만큼 많다는 뜻이다.

다시 태어나도 한국인

식민 지배를 당하며 극도의 열패감과 트라우마를 경험한 것이 약

100년 전의 일인데, 이제는 국가에 대한 자부심이 차고 넘친다. 여기에는 'K-컬처'라고 불리는 한국 대중문화가 아시아를 넘어 유럽, 아메리카, 아프리카 등 세계 곳곳에서 선풍적인 인기를 끌고 있는 현상을 빼놓을 수 없다. 'K-팝'과 'K-드라마'의 열풍, 예를 들어 빌보드 차트 1위를 차지한 아이돌 그룹 BTS의 노래들, 아카데미 시상식에서 작품상을 비롯해 네 개 부문을 석권한 영화 〈기생충〉, 1조 원이 넘는 매출을 올리며 넷플릭스의 최고 흥행작이 된 드라마 〈오징어 게임〉[1] 등은 K-컬처의 위상을 잘 보여준다.

또한 코로나19 팬데믹 이후에는 'K-방역'이 높게 평가받고 있다. 서구 선진국들의 보건·의료 시스템이 우리 생각만큼 제대로 작동하지 않아 수많은 감염자와 사망자가 속출하는 것을 보며, 한국의 대처에 스스로 감탄하고 자랑스러워한다. 이러한 자부심은 K-방역을 전염병 대처의 우수 사례로 꼽은 여러 외신 보도가 불을 지핀 결과이기도 하다.

한국인의 자부심은 외국인이 출연해 김치, 된장찌개 등을 먹거나, 한복을 입어보는 등 한국의 전통문화를 경험하는 모습을 보여주는 방송 프로그램이 많아진 데서도 발견할 수 있다. 인터넷 커뮤니티들에서 '두 유 노do you know' 시리즈가 유행한 것도 자부심이 표출된 사례다. 이 시리즈는 외국인에게 세계적으로 유명한 우리나라의 문화나 인물을 알고 있는지 반복해서 질문하며 잠깐의 만족감을 얻는 일종의 놀이인데, '두 유 노 김치', '두 유 노 싸이' 등이 그 예다. 연장선에서 외국인에게 한국 아이돌 그룹의 뮤직비디오나 공연 영상을 보여주며 그 반응을 촬영한 영상이

유튜브에서 유행 중인데, 여기에서도 우리의 것을 자랑하고, 또 인정받고픈 마음이 읽힌다.

실제로 2020년 동아시아연구원과 성균관대학교 동아시아 공존·협력 연구센터의 국가 정체성 조사에 따르면, 한국인으로서의 일체감과 국가 자부심이 크게 상승한 것으로 나타났다.[2] 자신이 대한민국 국민이라고 느끼는 정도는 2005년 77퍼센트에서 2020년 90퍼센트로 상승했고, 다시 태어나도 대한민국 국민이 되고 싶다는 응답 또한 2005년 70퍼센트에서 2020년 80퍼센트로 상승했다.

한국 찬양과 타국 폄훼

그런데 우리 민족의 우수함을 강조하는 태도가 지나치면 자민족 우월주의에 빠져들고, 이는 타민족 및 타 인종에 대한 혐오로 이어질 수 있다. 자신의 문화를 가장 우수한 것으로 보아 이를 다른 집단에 강요하고, 다른 문화는 부정적으로 평가하며, 다양한 문화에 관심을 보이지 않는 것이다. 일부 국뽕 콘텐츠는 한국을 지나치게 찬양하는 반면, 타국에 대해서는 폄훼로 일관한다고 비판받는다. 예를 들어 코로나19 팬데믹으로 한국인을 격리하는 과정에서 마찰을 빚은 베트남을 비난하는 콘텐츠가 한동안 유행했다. 연장선에서 코로나19 팬데믹에 제대로 대응하지 못한 유럽 국가들을 조롱하거나, 일본을 혐오하는 콘텐츠도 증가했다.[3]

이러한 우월감에 빠진 한국인은 결혼 이주 여성 이자스민이 국회의원이 되자 민족의 자존심이 훼손된 사건으로 받아들였다.

하필 그가 우리나라보다 '가난한' 필리핀 출신이었기 때문이다. 비슷하게 인도 출신의 소우라브 사르카르Sourav Sarkar가 포항공과대학교 대학원 총학생회장에 당선되자, 관련 소식을 전하는 기사에 "하필 못사는 후진국 인도인이 회장이 되다니", "너희 나라로 돌아가라" 같은 인종차별적인 악성 댓글이 달렸다. 우리나라보다 못사는 '후진국'에서 온 외국인이 한국인을 제치고 총학생회장이 된 사실 자체를 부정하고 싶었던 것이 아닐까.

이토록 왜곡된 우월감은 과잉 보상의 관점에서 이해되어야 한다. 한국인이 우월한 인종으로의 변신을 꿈꾸는 것은 역설적으로 한국인을 포함한 동양인들이 서구 열강에 열등한 인종으로 취급당했기 때문이다. 그런데 우리나라는 저임금 노동과 수출 지향적 산업화 정책으로 불과 몇십 년 만에 기적과 같은 경제성장을 이뤄냈다. 그리고 오늘날 K-컬처와 K-방역 등의 성공으로 '선진국'이 되었다는 자부심이 전례 없이 높아졌다. 이런 상황에서 그간의 설움을 보상받고 싶고, 오늘날의 성취를 인정받고 싶은 과잉된 욕망이 '후진국' 출신 사람들에 대한 선민의식과 우월감을 낳고 말았다. 사실 각 민족이 어떤 역사적 과정을 거쳤는지의 문제일 뿐, 우열을 가릴 문제가 아닌데도 말이다.

흥미로운 점은 미국이나 영국 등은 자국 문화에 굳이 'A(merican)', 'B(ritish)' 같은 알파벳을 붙이지 않는다는 것이다.[4] 반면 한민족의 일체감과 단합을 중시하는 우리 사회는 'Korea'의 머리글자 'K'를 붙인 'K-시리즈'를 남발함으로써 개인의 성취를 국가의 성취로 포장하고 있다. 이처럼 세계화를 넘어선 초세계화 시대에 들어서도 '한민족'은 굳건히 살아 있고, 열등한 타자를 향한 경계선 긋기가 계속되고 있다.

2부

멸칭의 행간

피부색, 민족, 경제력, 종교

1장

노란 피부
하얀 가면

다음 문제를 풀어보자.

　‘외국’이라는 단어를 들으면 다음 중 어떤 나라가 가장 먼저 떠오르는가?
① 미국 ② 일본 ③ 영국 ④ 프랑스 ⑤ 중국 ⑥ 독일 ⑦ 가나
⑧ 오스트레일리아 ⑨ 필리핀 ⑩ 사우디아라비아

　아마도 적지 않은 한국인이 ‘① 미국’을 선택하지 않을까 싶다. 미국이 아니더라도 영국, 프랑스, 독일 등의 유럽 국가들이 한국인이 생각하는 ‘외국’에 부합할 것이다. 이들 국가는 모두 서구에 속하며, 인구 구성에서 백인이 큰 비중을 차지한다. 물론 지리적·정치적·경제적으로 가까운 일본이나 중국을 가장 먼저 떠올리는 사람도 있을 것이다. 그러나 아프리카나 동남아시아, 중동의 국가들을 가장 먼저 떠올리는 사람은 거의 없을 테다.
　2022년 3월 강의를 마치고 퇴근하는 길에 지하철 전동차 내에 붙은 서울시교육청의 광고를 보았다.

　우리는 학교에서 세계를 만난다
　영어를 배우기 전에 미국에 사는 친구의 생각을 배우고

불어를 배우기 전에 프랑스에 사는 친구의 취미를 배우고
일어를 배우기 전에 일본에 사는 친구와 배려를 배웁니다
언어를 배우기 전에 다양한 생각과 문화를 먼저 경험하는
교육

다양성을 증진하겠다는 좋은 의도는 알겠으나, 우리가 그리는 세계가 저 몇 개의 국가로만 한정됨을 재확인하는 씁쓸한 경험이었다. 이 광고처럼 한국인에게 '세계'는 주로 백인이 사는 서구 국가인 미국, 프랑스 등을 의미한다. 역사적·지리적으로 가까운 일본이 어쩌다 끼는 정도다. 우리나라 체류 외국인을 국적별로 나누면, 2021년 기준 중국(한국계 중국인 포함)이 84만 193명(42.9퍼센트)으로 가장 많고, 베트남 20만 8740명(10.7퍼센트), 태국 17만 1800명(8.8퍼센트), 미국 14만 672명(7.2퍼센트), 우즈베키스탄 6만 6677명(3.4퍼센트), 필리핀 4만 6871명(2.4퍼센트), 일본 2만 8093명(1.4퍼센트) 등의 순이다.[1] 그렇다면 우리가 배워야 할 세계에 중국, 태국, 베트남, 우즈베키스탄, 필리핀 등도 들어가야 하지 않을까.

백색 신화

한국인은 미국과 유럽 등지에서 온 백인에게는 우호적인 선망의 태도, 즉 친백인성을 드러낸다. 반대로 검은 피부를 가진 흑인에게는 비우호적인 멸시의 태도, 즉 반흑인성을 드러낸다. 관련 인터뷰에서 한 학생은 다음과 같이 말했다.

우리 아버지를 보면 그런 게 느껴져요. 굉장히 보수적인 분이신데요. 똑같은 상황에서 백인이 잘못했을 때는 "너 그렇게 하면 돼?" 정도라면, 흑인한테는 "너 이 자식!" 하고 나갈 것 같아요(26세, 남성, 대학생).[2]

사실 정도의 차이가 있을 뿐, 대부분의 한국인은 이 학생의 아버지처럼 친백인성과 반흑인성에서 자유롭지 못하다. 연장선에서 한국식 인종주의는 인종적으로 꼭 흑인에 속하지 않더라도 인도네시아, 방글라데시, 필리핀 등에서 온 피부색이 어두운 동남아시아인에게 차별적인 특징을 지닌다. 이들은 유사 흑인으로 간주된 채 반흑인성의 표출 대상이 된다. 어쩌면 한국인은 '검은 피부 혐오 중독증'[3]에 걸렸는지 모른다. 이것은 또한 '하얀 피부 선망 중독증'으로도 불릴 만하다. 즉 한국인의 친백인성과 반흑인성은 동전의 양면이나 손바닥과 손등처럼 분리할 수 없는 것이다. 파농은 《검은 피부 하얀 가면》에서 프랑스령 앤틸리스Antilles 제도의 흑인이 고유성을 버린 채 백색 신화의 신봉자가 되었다고 질타했는데, 만약 그가 살아 있다면 황색 피부를 가진 한국인이 하얀 가면에 집착하는 모습을 똑같이 질타했을 것이다.

그렇다면 중국인, 베트남인, 몽골인 등 우리와 피부색이 비슷한 외국인을 향한 차별은 어떻게 설명할 수 있을까. 그 이유는 저들이 우리나라보다 경제가 발전하지 못한 국가 출신이라는 데 있다. 즉 우리나라에서 '저개발'은 '흑인성'에 준한다. 경제력을 주요 요소로 삼는 계급과 인종의 결합도 사실 서구에서 그대로 들여온 것이다. 19세기 일본에서 활동한 독일인 의사 필리프 프란츠 폰 지볼트Philipp Franz von Siebold는 인종적 관점에서 조선인을 최초로 관찰한 사람인데, 그는 조선인의 얼굴이 코카서스 인종과 몽골 인종의 두 종류로 나뉜다고 보았다.[4] 그러면서 조선의 지식인과 상인 등 상류층은 코카서스 인종에, 선원과 하인 등 하류층은 몽골 인종에 속한다고 주장했다. 흥선대원군의 부친 남연군의 묘를 도굴한 에른스트 야코프 오페르트Ernst Jakob Oppert도 《금단의 나라 조선A Forbidden Land: Voyages to the Corea》에서 조선인 가운데 상류층은 코카서스 인종으로, 하류층은 몽골 인종으로 분류했다.[5] 계급과 인종을 엮은 이들의 시도처럼, 우리는 저개발국 출신 외국인을 열등한 인종으로 간주해 혐오하고 차별한다. 따라서 한국에서의 인종차별 문제에 접근할 때 피부색에만 집중한다면, 이는 한국식 인종주의의 일면만 보는 것이다.

한국식 인종주의는 세계 체제의 관점으로도 설명할 수 있다. 우리나라는 완전한 선진국도 아니면서 그렇다고 저개발국도 아닌 '중간 국가'의 위치에 있다. 물론 우리나라는 세계 10위의 경제 대국이다. 미국의 경제 전문 방송사 CNBC는 국제통화기금IMF의 통계를 인용해 2019년 12위였던 한국의 경제 규모가 2020년 두 계단 올라 10위가 되었다고 보도했다.[6] 그렇지만 우리나라는 미국이나 독일, 영국, 프랑스 같은 유럽 국가들처럼 전통적인 선진국은 아니다. 다만 전쟁의 폐허에서 시작해 눈부신 경제성장을 이룬 첨단 산업 강국으로서, 즉 선진국과 저개발국 사이에 '낀' 국가의 이미지를 갖고 있다. 인종적인 측면에서 보자면, 백인만큼은 아니지만 동남아시아인보다는 피부색이 밝고, 비슷한 이유로 흑인보다 우월하다고 믿는 '중간 인종'으로서의 위치를 점한다. 세계 체제에서의 중간 국가와 인종적 위계질서에서의 중간 인종이라는 두 위치는 상호 결합해 백인에 대한 선망, 흑인에 대한 멸시, 저개발국 출신 외국인에 대한 차별로 이어진다.

Colours Maketh Man?

문제 하나를 또 풀어보자.

세상에 '살색'은 몇 가지가 있을까?

황인의 노란 피부색, 흑인의 검은 피부색 그리고 백인의 흰 피부색, 이렇게 세 가지일까. 아니면 이보다 더 많거나 적을까.

세계적인 크레파스 기업인 크레욜라Crayola는 2020년 다양한 인종의 피부색을 표현할 수 있는 24색 크레파스 제품을 출시하며 답을 대신했다. 최고경영자CEO 리치 우어텔Rich Wuerthele은 "세계가 이전보다 더 다양해지면서 새로운 색의 크레파스가 필요해졌다"라며 "다양성과 창의성을 살리고 아이들이 자신을 표현하는 데 도움을 주길 바란다"라고 새 제품의 출시 배경을 밝혔다.[7] '살색'이라고 하면 우리는 연한 베이지색 계열을 떠올리곤 한다. 그러나 적어도 24개나 될 만큼 인간의 피부색은 다양하다.

사실 '살색'이라는 용어 자체도 논란의 대상이다. 기술표준원은 1967년 한국산업표준KS을 정하면서 일본의 공업 규격상

색명을 글자 그대로 번역해 들여왔는데, 이 과정에서 황인의 피부색과 유사한 특정 색을 '살색'으로 명명했고, 이후 크레파스 기업들이 해당 표현을 그대로 쓰며 널리 퍼졌다.

이에 2001년 11월 가나 출신의 커피딕슨Coffiedickson 등 외국인 네 명과 성남외국인노동자의집 김해성 목사가 국가인권위원회에 기술표준원과 크레파스 기업 세 곳을 상대로 '크레파스 색상의 피부색 차별'에 대한 진정을 제기했다. '살색'이라는 색명 자체가 특정한 색만이 피부색이라는 인식을 강요하고, 황인과 피부색이 다른 사람에 대한 차별을 조장한다는 이유에서였다.

국가인권위원회는 2002년 8월 "기술표준원이 정한 '살색' 색명은 특정 피부색을 가진 인종에게만 해당되고, 황인이 아닌 인종에 대해 합리적 이유 없이 헌법 제11조에 보장된 평등권을 침해할 소지가 있으며, 인종과 피부색에 대한 차별적 인식을 확대할 수 있다"라며 기술표준원에 한국산업표준을 개정하도록 권고했다. 결국 그해 11월 기술표준원은 한국산업표준의 관용색 목록에서 '살색'을 없애고, 대신 '연주황색'을 사용하도록 했다.

그러자 2004년 8월 김해성 목사의 두 딸(당시 각각 중학교 1학년과 초등학교 5학년)과 이들의 또래 친척 여섯 명이 다시 한번 국가인권위원회에 진정을 제기했다. "지나치게 어려운 한자어인 '연주황'을 사용하는 것은 어린이에 대한 차별"이라며 "'살구색' 이나 '봉숭아색' 같은 쉬운 표현으로 바꿔 달라"라는 내용이었다. 결국 기술표준원은 2005년 5월 '살색'에 해당하는 색의 이름을 '살구색'으로 최종 확정했다.

'살색'이 '연주황색'을 거쳐 '살구색'에 이르는 이 과정은 피부색에 대한 우리 사회의 차별적 인식을 자성하게 한 매우 의미 있는 사건이었다. 2018년 11월 국가인권위원회는 설립 17주년을 맞아 '세상을 바꾼 결정례 30선'을 자체 선정했는데, '살색 크레파스 등 색명으로 인한 피부색 차별에 대한 권고'가 포함되었다. 그만큼 획기적인 결정례였다.

그렇다면 과연 우리 사회에서 '살구색'은 '살색'의 대체어로 완전히 자리를 잡았는가. 기대와 달리 일련의 과정이 마무리되고 4년이 지난 2009년에도 '살색'이 유령처럼 떠돌고 있음이 밝혀졌다. 다섯 명의 고등학생으로 구성된 '평화를 사랑하는 청소년 역사모임'이 조사한 바에 따르면, 방송사 세 곳과 신문사 아홉 곳, 인터넷 언론사 한 곳, 속옷 기업 두 곳, 할인점 세 곳 등이 여전히 기사나 광고에서 '살색'이라는 표현을 사용하고 있었다. 결국 고등학생들이 국가인권위원회에 진정을 제기했고, 해당 언론사와 기업들이 신속히 해결하겠다고 약속하며 사건은 마무리되었다. 이처럼 '살색'이라는 인종차별적 표현의 잔재는 우리 사회에 여전히 남아 있다.[8]

크레파스의 색명은 바뀌었으나 한국인의 마음속과 머릿속은 크게 바뀌지 않은 듯하다. 특히 백인과 흑인을 상징하는 '백색'과 '흑색'의 대비는 전자를 긍정적으로, 후자를 부정적으로 표상하며 인종주의적 의미를 띤다. 영미권에서도 흑과 백은 선과 악, 천사와 악마로 대비되어 표상되는데, 'black sheep(검은 양)', 'black devil(검은 악마)', 'black day(검은 날)' 등 흑색을 부정적인 의미로 사용하는 표현들이 여럿 있다. 또한 'It is not a black and white issue(그것은 흑백의 문제가 아니다)' 같은 표현처럼 흑과 백을 양극단에 있는 것으로 대립시키고, 이때 흑색을 악의 위치에 놓는 화법도 여전히 쓰인다.[9] 이와 유사하게 백인과 흑인을 대립시키고, 전자에게는 친밀함을, 후자에게는 혐오감을 드러내는 이중성이 한국 사회에 존재한다.

우리 안의 오리엔탈리즘

파농은《검은 피부 하얀 가면》에서 앤틸리스제도의 흑인이, 개척자로서 야만인에게 나름의 진리를 설파하는 백인과 스스로 동일시한 끝에 사고방식마저 닮아간다고 비판했다. 심지어 그들은 학교에서 백인이 야만인에 관해 쓴 내용을 공부할 때 세네갈의 흑인을 떠올리는데, 왜냐하면 자신들은 절대 흑인이 아니라고 생각하기 때문이다. 앤틸리스제도의 흑인처럼 우리도 자기 자신은 황인이라고 생각하지 않으면서, 동남아시아인만 황인이라고 착각하고 있는지 모른다. 그렇다면 우리는 노란 피부 위에 하얀 가면을 쓰고 있는 것은 아닐까.

근대 일본인은 백인에 대한 열등감 탓에, 주어진 신체에서 일탈해 백인으로 상승하거나 그들과 동일화하는 몽상을 품었다.[10] 심지어 일본인은 황인이 아니라 백인이라는 황당한 주장까지 등장해 다른 황인에 대한 우월감을 고취했다. 오늘날 한국인이 백인을 모방하는 동시에, 같은 인종이지만 경제성장이 더딘 동남아시아인을 멸시하는 태도와 비슷하다. 서구 중심주의 속에서 형성된 오리엔탈리즘을 한국식으로 변용하는 우리의 모습을 '복제 오리엔탈리즘'이라고 부르기도 한다.[11]

구인·구직 웹사이트에서 심심치 않게 찾아볼 수 있는, 원어민 영어 강사로 백인만을 원한다는 게시물은 한국인의 정신적 식민화를 날것 그대로 보여준다. 실제로 'korea4home' 등 외국인을 위한 일자리가 공고되는 웹사이트에서 'white person only(백인만 가능)', 'white people wanted(백인 구함)' 등의 인종차별적 내용을 찾는 일은 어렵지 않다. 어느 공립 초등학교는 방과후 프로그램을 맡을 영어 강사를 구하며 제목에 '백인'을 명시했다.[12] 우리나라의 외국인 채용 시장에서 미국이나 캐나다에서 온 백인이 가장 유리하다는 사실은 백인 중심의 서구 문화, 특히 미국 문화를 선망하는 숭미의식이 한국 사회에 여전히 존재한다는 것을 방증한다.

심지어 정부 홍보물도 친백인성을 드러낸다. 2021년 3월 과학기술정보통신부가 만들고 배포한 'R&D 우수성과 추적조사 1. 음성인식 기술의 역사'라는 제목의 카드뉴스를 보면, 아이들에게 영어를 가르치는 원어민 선생님을 금발의 백인으로 묘사하고 있다. 곱슬머리의 흑인 선생님은 상상할 수 없는 것이 친백인성의 현주소다. 이러한 예를 찾는 일은 정말 어렵지 않다. 조금만 더 열린 눈으로 우리 사회를 둘러본다면, 편견의 결과물을 쉽게 찾을 수 있을 것이다.

얼마 전에도 밝은 피부는 우월하고 우수하며 가장 진화된 형태라는 우리의 잠재의식을 적나라하게 보여준 사건이 있었다.

2021년 2월 KBS가 방영한 다큐멘터리 〈호모 미디어쿠스〉의 포스터에 인류의 진화를 단계별로 묘사한 그림이 사용되었다. 문제는 인류가 진화할수록 피부색이 점점 밝아지도록 표현했다는 것이다.[13] 이로써 피부색이 밝을수록 진화한 인간이라는 인종적 편견과 흰 피부를 선호하는 한국적 사고가 그대로 드러났다. 우리나라를 대표하는 공영방송사에서 만든 포스터였는데 말이다. 포스터를 공개하기 전까지 몇 단계의 검증 과정을 거쳤을 텐데, 누구도 이 문제를 지적하지 않았다는 점이 놀라울 따름이다. 이는 인종차별에 대한 우리 사회의 둔감성을 시사한다. 참고로 우리나라 방송법 제6조(방송의 공정성과 공익성) 제2항은 "방송은 성별, 연령, 직업, 종교, 신념, 계층, 지역, 인종 등을 이유로 방송 편성에 차별을 두어서는 아니 된다"라고 규정하고 있으나, 인종차별에 대한 구체적인 정의나 기준 등을 제시하는 지침은 없다.

국가인권위원회가 실시한 인터뷰에서 한 언론인은 다음과 같이 말했다.

무의식중에 흑인을 비하하는 그런 자막을 썼지만, 그것들을 데스크, 기자나 PD들이 감수하잖아요. 그런 감수하시는 분들 다 거쳤는데도 나가는 경우가 있었어요. …… 누구도 그걸 제작하는 과정에서 문제가 있다는 것을 느끼지 못했어요. 수십 명이 봤지만, 그 자막을 걸러내지 못했어요.[14]

수십 명이 보면서도 왜 걸러내지 못할까. 그만큼 인종주의가 우리의 사고에 매우 자연스럽게 녹아들어 있기 때문일 것이다. 마치 우리와 한 몸이 된 상태처럼, 그래서 전혀 부자연스럽거나 이상하게 느껴지지 않는 상태처럼 말이다.

그들도 안다

《세계일보》가 2020년 국내에 거주하는 외국인 207명을 대상으로 한 조사에 따르면, 한국인의 친백인성을 외국인도 인식하고 있는 것으로 보인다.[15] '당신이 경험한 한국과 한국인은 얼마나 친절한가?'라는 질문에 백인의 약 60퍼센트가 '약간 친절하다', 또는 '매우 친절하다'라고 답했다. '한국에서 어떤 인종이 가장 차별받을까?'라는 질문에는 응답자의 1.4퍼센트가 백인을, 66.3퍼센트가 흑인을 꼽았다.

'어떤 국가 출신이 더 차별받을까?'라는 질문에는 응답자의 2.9퍼센트가 영국, 프랑스, 독일 등 서유럽 국가 출신이, 5.8퍼센트가 미국, 캐나다 등 북미 국가 출신이 가장 차별받는다고 답했다. 반면 응답자의 75.8퍼센트가 필리핀, 베트남, 태국 등 동남아시아 국가 출신이 가장 차별받는다고 답했고, 그 뒤를 이어 48.3퍼센트가 이란, 이라크 등 중동 국가 출신도 많이 차별받는다고 답했다(복수 응답 허용). 한국인의 친백인성과 반흑인성을 국내 거주 외국인도 이미 느끼고 있는 것이다.

단일민족과 순혈주의를 강조해온 우리 사회에서 '하얀 피부'와 '선진국 출신'이라는 요인은 그 배타성을 뚫을 수 있는, 어쩌면 유일하고도 강력한 무기지 않을까.

2장

'흑형':
개인을 집단으로
뭉뚱그리는 반흑인성

우리나라의 반흑인성은 너무나 쉽게, 또 자주 포착되어 일일이 예를 들기에도 힘들 정도다.

수단 출신의 C는 2019년 1월 국내의 한 호텔과 도급계약을 맺은 세탁 업체에서 채용을 거절당했다. 그는 업무와 근무지에 대한 설명을 듣고, 다른 직원들에게 신입 사원이라고 소개까지 된 상태였다. 그러나 다음 날 "호텔의 세탁실 관리자가 당신 때문에 세탁실에 관심이 집중되는 것을 싫어합니다. 미안합니다"라며 채용을 일방적으로 취소하는 문자 메시지를 받았다. 부당함을 느낀 C는 "피부색을 이유로 차별받았다"라며 국가인권위원회에 진정을 제기했다.[1]

아프리카 출신 외국인 D는 "2년 전쯤 친구와 함께 외국인이 많이 간다는 서울시의 한 클럽에 갔다가 피부색 때문에 입장을 거부당한 적이 있다"라며 불쾌한 기억을 끄집어냈다. 그는 "백인에게는 호감을 표하거나 비교적 잘 대해주고, 흑인이나 기타 유색인은 무시하는 듯한 문화가 여전히 남아 있는 것 같다"라고 토로했다.[2]

경기도 안산시의 한 사립 유치원에 근무했던 인도 출신의 귀화인 A는 2020년 후반부터 2021년 초반까지 동료 한국인 교사 B에게 인종차별 발언과 욕설을 들은 뒤 그를 모욕죄 혐의로 경찰에 고소했다. B는 A에게 '검둥이'라는 표현과 함께 욕설을 내뱉어 모욕감을 줬고, 문제 해결을 요청받은 유치원은 이를 방관한 것으로 알려졌다.[3]

유명인이라고 반흑인성을 피해갈 수 없다. 가나 출신의 방송인 샘 오취리가 운영하는 유튜브 채널은 "니그로", "목화솜 따러 안 가냐", "타이어 같다" 같은 흑인을 비하하는 인종차별적 댓글들로 가득하다.

프로 농구팀 전주 KCC 이지스 소속의 귀화 선수 라건아는 소셜미디어에서 지금까지 당한 인종차별적 표현을 공개하며 "제발 그만하라"라고 호소했다. "네 나라로 돌아가라", "검둥이" 같은 욕설은 셀 수도 없고, 몇몇은 그의 어머니를 비하하는 내용이었다. 2012년 한국프로농구KBL에 데뷔한 그는 외국인 선수로서 역대 최다 우승(4회), 역대 최다 MVP 선정(3회) 등의 기록을 세웠다. 이러한 공로를 인정받아 2018년에는 체육 분야 우수 인재 특별 귀화 형식으로 한국 국적을 취득했다. 리카르도 라틀리프Ricardo Ratliffe라는 미국 이름 대신 한국 이름 라건아를 쓰는 그는 평소에도 "우리 가족의 터전은 한국"이라고 밝혀왔다.[4]

안양 KGC 인삼공사 소속의 외국인 선수 브랜던 브라운Brandon Brown도 소셜미디어에서 받은 각종 악성 메시지를 공개했다. 거기에는 차마 입에 담을 수 없는 욕설부터 흑인을 비하하는 호칭과 "한국에서 꺼져라" 같은 배타적 구호까지 온갖 인종차별적 표현이 담겨 있었다.[5]

지배당한 자의 흑인 혐오

이처럼 한국인은 반흑인적이다. 개화파 민영환閔泳煥이 1897년 영국 가는 길에 들른 싱가포르에서 "토인은 모두 추하고 더럽고 빛이 검다"라고 말한 개항기 이래, 흑인에 대한 편견과 반감은 100년이 훌쩍 넘은 지금까지 여전히 굳건하다. 오히려 검은 피부를 가진 유색인에 대한 인종차별과 혐오는 시간이 지날수록 심해지는 양상이다.

한국인의 반흑인성은 열등감의 발로다. 원치 않은 개항, 일본의 식민 지배, 해방 후 불평등한 대미 관계 등의 역사적 경험은 한국인에게 존재 자체에 대한 열등감을 품게 했다. 여기서 벗어나기 위해 한국인은 백인이 열등하다고 간주하는 흑인을, 백인을 따라서 가혹하게 비판한다. "저 사람 몸은 너무 새까매서, 저 사람 언어도 새까맣고 아마 저 사람 영혼도 새까말 거야"[6] 라는 백인의 논리를 우리도 받아들인 것이다.

일제강점기에 발표된 몇몇 글은 한국인의 반흑인성을 노골적으로 드러낸다. 조선문인보국회 간부였던 주요한朱曜翰은 1943년 6월 호《신시대》에 실린 〈다섯 가지 사명〉에서 다음과 같이 밝혔다. "그들(미국과 영국)이 (동양 침략의) 야망을 달성할 때가 온다면, 고향은 제2의 아프리카대륙이 된다는 것은 말할 필요가 없는 것이다."[7]

일본의 패전이 불러올 비극적인 상황이란 고향이 '아프리카'가 된다는 것으로, 당시 한국인이 아프리카를 얼마나 후진적이고 미개한 곳으로 보았는지 알 수 있다. 이와 비슷하게 친일파 정치인이었던 이원영李元榮은 1942년 3월 호《동양지광東洋之光》에 실린 〈전국戰局의 긴박과 청년에게 요망〉에서 일본이 패전하면 동양 민족들은 흑인과 같은 처지에 놓일 것이라고 주장했다.[8] 구체적으로는 흑인처럼 농담했다는 이유만으로 학살되거나, 심지어 아무런 이유도 없이 금고에 갇힌 채 폭살당하거나, 살아 있는 채로 자동차 뒤에 묶여 질질 끌려다니다가 죽임당하는 경악스러운 일을 겪게 될 것이라고 썼다. 이는 일본이 전쟁에서 패하면 조선인도 흑인처럼 될 것이라는 위기의식을 불어넣는 동시에, 열등한 흑인이 처한 비인간적이고 비참한 상황을 비판 없이 그대로 수용하는 반흑인적 인식을 보여준다.

식민 지배를 당하면서 겪은 차별, 모멸 그리고 수치를 보상받기 위해 필요한 것은 자신보다 열등한 집단이다. 또한 식민지는 종주국을 모방하고 닮아가는 경향이 있다. 그래서 일본의 식민 지배를 증오하면서도 우리는 그들이 저지른 차별과 모욕을 다른 집단에 그대로 반복하고 있는지 모른다. 증오하면서도 따라 하는 '애증 상반적 갈등love-hate conflict'이 한국인의 무의식에 존재한다는 지적[9]을 곰곰이 되새겨볼 필요가 있다.

한국인의 반흑인성은 미국 대중문화가 유입되면서 더욱 강화되었다. 백인 중심적인 시각이 강한 미국 대중문화가 소수자인 흑인을 부정적으로 묘사했기 때문이다. 이러한 미국 대중문화의 홍수 속에서 한국인은 '의식의 식민화colonization of consciousness'를 경험했다. 의식의 식민화란 "지배 세력이 자신의 세계관, 자신의 문화적 규범과 가치를 (식민화된) 인민들에게 부과함으로써 그들이 외래적인 사유 체계를 자신의 것으로 받아들이고 그 결과 토착적인 문화와 정체성을 스스로 무시하거나 경멸하게 하는 것"을 뜻한다.[10] 즉 우리 사회는 미국의 사유 체계를 기꺼이 받아들임으로써, 그 중심 요소 중 하나인 반흑인성까지 내재화했던 셈이다.

반흑인성의 내재화를 잘 보여주는 기사가 있다. 2020년 12월 27일 자 《경향신문》은 아프리카의 심각한 코로나19 팬데믹 상황을 기사로 내보냈는데, 제목이 〈검은 대륙의 코로나, 더 암울하다〉였다.

만약 서구 언론 매체가 우리나라의 코로나19 팬데믹 상황을 보도하면서 '황색'이라는 표현을 쓴다면 인종차별이라고 비난받을 것이다. 그러나 정작 우리는 아프리카를 향해 '검은 대륙'이라는 제국주의적 표현을 큰 문제의식 없이 사용한다. 덧붙여 아프리카를 마치 하나의 나라처럼 간주하는 것도 우리의 무관심과 무지를 드러낸다. 아프리카는 지구 육지 면적의 5분의 1을 차지하는 광활한 대륙으로, 54개의 독립국이 있으며, 전체 인구만 약 12억 명에 달한다.[11] 다섯 개로 구분되는 권역별로, 또는 국가별로 다양한 특성과 복잡성을 가지고 있는 아프리카를 우리는 마치 하나의 국가처럼 뭉뚱그려 취급하며, 빈곤과 기아의 상징이자 구호의 대상으로만 본다. 반면 백인이 많이 사는 북미나 유럽에 대해서는 그곳에 속한 국가 하나하나에 많은 관심을 기울이고, 또 호감을 느낀다.

'흑형'에 대한 고찰

유행하는 신조어 중에 '흑형'이 있다. 흑형은 흑인을 지칭하는 인종차별적 표현이다. 혹자는 가까운 손윗사람을 부르는 '형'이라는 호칭이 결합해 있으니, 친근함을 표현하는 것일 뿐 인종차별적이지 않다고 생각할 수 있다. 그러나 단적으로 우리는 '백형'이나 '황형'이라는 말은 쓰지 않는다. 흑형이라는 표현은 흑인을 독립된 개인이자 인간으로 보는 대신 '몸이 좋은 집단', '운동 잘하는 집단', '음악적 재능이 있는 집단' 등으로 간주하는 편견에 기반한다. 실제로 2020년 국가인권위원회가 배포한 《혐오표현 대응 안내서》에 흑형은 편견을 품고 특정 집단을 부정적인 이미지로 일반화하거나 불쾌감을 나타내는 모욕형 혐오 표현의 한 예로 제시되어 있다.

'흑인이 싫다'는 태도는 성인이나 아이를 가리지 않는다. 우리나라에 거주하는 미국 출신의 한 흑인 여성은 자신이 경험한 인종차별을 이렇게 털어놓았다. 그는 오산시에 있는 학원에서 일할 당시 여섯 살짜리 아이가 다른 학생들 앞에서 "(그가) 흑인이기 때문에 못생겼다"라고 말하는 것을 들었다. 그 후 그가 일을 그만두게 된 결정적인 사건이 발생했는데, 학습용 게임을 하는 중에 인종차별적 언행을 하던 그 아이가 그의 얼굴에 침을 뱉었던 것이다. 학원 측 사람들에게 이 일을 알렸으나, 위로해주기는커녕 아이의 행동에 대해 변명하는 것을 보고 크게 실망해 일을 그만두었다고 한다.[12]

고작 여섯 살밖에 안 된 아이가 지닌 반흑인성은 어떻게 설명할 수 있을까. 6년간의 짧은 인생을 사는 동안 아이는 어른들에게서, 사회에서 '흑인은 못생겼다', '흑인은 열등하다'는 신호를 계속해서 받았을 것이다. 이러한 신호가 아이의 의식에 새겨지고, 사유 체계의 일부로 자리 잡은 것이 아닐까. 이처럼 한국 사회의 반흑인성은 강고하다.

무엇보다 반흑인성이 인종적으로 흑인에게만 국한되지 않는다는 점에서 한국식 인종주의는 독특하다. 동남아시아 출신의 어두운 피부색을 가진 사람도 같은 이유로 차별당한다.

2007년 성공회대학교 연구교수로 부임한 인도 출신의 후세인이 겪은 일이 대표적이다. 그는 2009년 7월 10일 오후 9시경 한국인 친구와 함께 버스를 타고 부천으로 가고 있었다. 그런데 버스 제일 뒷좌석에 앉아 있던 한국인 P가 후세인과 친구를 향해 욕설을 퍼부으면서 사건이 시작되었다. P는 후세인의 친구에게 "조선×이 새까만 자식이랑 사귀니까 기분 좋으냐?"라고 말했다. 만약 후세인이 하얀 피부를 가진 백인이었다면 사건은 어떻게 전개되었을까. 아니, 이 사건 자체가 과연 일어났을까. 실제로 후세인은 "내가 백인이었다면 이런 일이 일어나지 않았을 것이 확실하다"라고 말했다. 후세인과 친구는 P를 경찰에 신고했고, P도 후세인이 자기에게 욕했다며 맞고소했다. 외국인이 인종차별을 이유로 한국인을 고소한 첫 사례인 이 사건은 곧 검찰로 송치되었고, 인종차별 발언을 한 P에게 모욕죄로 벌금 100만 원이 선고되었다.[13] 마침 후세인은 '아시아에서 인종차별과 민주주의 쇠퇴'라는 주제를 연구 중이었는데, 정말 인종차별이 계속된다면 우리가 힘겹게 성취한 민주주의마저 쇠퇴할지 모른다.

　　뒤에서 자세히 다룰 혼혈인도 종종 반흑인성의 피해자가 된다. 혼혈인은 우리 사회에서 차별당하는 집단인데, 흑인 혼혈과 백인 혼혈은 그 정도에 차이가 있다. 심지어 문학작품에서도 이 차이가 드러난다. 유주현柳周鉉의《태양의 유산》에서 흑인 혼혈은 집 안에 발을 들여놓지도 못한 채 내쫓기지만, 하근찬河瑾燦의《왕릉과 주둔군》에 등장하는 백인 혼혈은 집 안으로 들여보내진다. 오정희吳貞姬의《중국인 거리》에서 매기 언니를, 조해일趙海―의《아메리카》에서 양공주인 기옥이를 죽인 것은 백인 미군이 아니라 흑인 미군이다. 흑인을 경멸하는 한국인의 인식이 문학작품에 반영된 것이다.[14]

한국인의 조건

'흑인이 싫다'는 한국인의 의식을 보여주는 사례는 차고 넘친다. 방글라데시인 아버지와 한국인 어머니 사이에서 태어난 K는 2020년 10월 퇴근하는 중에 모욕적인 상황을 경험했다. 그에게 50대 중반의 중년 남성 두 명이 "야 코로나!"라고 부르며 시비를 걸었던 것이다. K의 항의에도 이들은 당당했고, 그의 어두운 피부색을 보고는 "불법 체류자 아니냐?", "한국인을 상대로 돈 뜯어먹는 놈 아니냐?"라고 막말을 퍼부었다. 그런데 신고를 받고 출동한 경찰관이 와서 가장 먼저 한 일 또한 가해자들이 아니라 K의 신원 조사였다.[15] K는 한국에서 태어나 자라고, 한국어가 모국어지만, 우리 사회에서 영원한 이방인이다. 어두운 피부색, 그 하나 때문에 말이다.

얼마 전 강의 중에 학생들에게 다음과 같은 질문을 던졌다. "한국인이 되게 하는 게 무엇일까요? 무슨 조건을 충족하면 한국인이라고 할 수 있을까요?" 어려운 질문이라는 것이 학생들의 표정에서 읽혔다. 그래서 말을 바꿔 다시 물었다. "여러분 모두 한국인이죠? 여러분은 왜 한국인이죠? 무슨 이유로 한국인이라고 할수 있나요?" (참고로 외국인 유학생이 수강하지 않는 과목이었다. 외국인 유학생이 있었다면 더욱 세심하게 물었을 것이다.)

그러자 한 학생이 손을 들더니 "우리나라에서 태어나고 자랐으니까 한국인이죠"라고 답했다. 이어서 다른 학생이 "저는 국민의 의무를 다하고 있어요. 군대도 다녀왔고요. 그러니까 한국인이라고 생각합니다"라고 말했다.

학생들이 제시한 '우리나라에서 태어나고 자랐다', '국민의 의무를 다했다'는 조건을 K는 충족하지 못했던 것일까. 그는 한국 태생에, 한국어가 모국어이고, 회사에 다니며 한국 사회의 구성원으로서 충실히 자기 역할을 다하고 있다. 학생들이 말한 조건을 모두 충족하고 있는데도, 정작 그를 '한국인'으로 받아들이지 않는 건 우리다.

2017년 이태원의 한 술집에서 인도인이 인종차별을 당해 논란이 일었다. 서강대학교 국제대학원에 재학 중인 인도인이 친구들과 술집에 갔는데, 종업원이 "인도인은 안 된다. 규칙이다. 카자흐스탄인, 파키스탄인, 몽골인, 사우디아라비아인, 이집트인은 안 된다"라며 그의 입장을 막았다.[16]

한국인 남성과 베트남인 여성의 결혼 건수가 많은 이유는 필리핀인 여성보다 피부색이 하얗기 때문이라는 것도 반흑인성의 한 증거다. 베트남인 외에도 일본인, 또는 중국인 여성과 한국인 남성 사이에서 태어난 아이는 부모가 모두 한국인인 아이와 피부색이 비슷해 비교적 잘 융합된다. 하지만 필리핀인 어머니를 둔 아이는 피부색이 어두워 '깜둥이'라고 놀림당하기에 일쑤다.[17]

피부색으로 자신이 차별당하는 것은 참을 수 있어도, 아이가 놀림당하는 것은 참을 수 없어 적극적인 조치에 나선 어머니가 있다. 2011년 우즈베키스탄 출신 귀화인인 G는 자신이 사는 부산시 동구 초량동의 목욕탕에서 쫓겨났다. 그는 2002년 한국에 와 2004년 한국인 남성과 결혼한 뒤 2009년 귀화하면서 이름도 한국식으로 바꾼 엄연한 '한국인'이었다. 그런데도 목욕탕 업주는 "아무리 한국인이라도 피부색이 다르면 손님들이 싫어한다"라며 입장을 거절했고, 이에 G는 국가인권위원회에 진정을 제기했다. 그는 "10년 가까이 한국에 살면서 식당에서 쫓겨나는 등 다양한 인종차별을 당하면서도 지금껏 참으며 지냈지만, 내년에 초등학교에 들어갈 아이까지 인종차별을 당하는 것은 참을 수 없어 고민 끝에 나서게 되었다"라고 말했다. 국가인권위원회는 "용모가 다른 외국인의 목욕탕 출입을 금지하는 것은 평등권을 침해하는 차별 행위"라고 밝히며, "인종을 이유로 목욕탕 이용을 거부하지 말 것"을 목욕탕 업주에게 권고했다. 또한 부산 시장과 동구청장에게 "내·외국인 및 귀화 외국인이 인종, 피부색 등을 이유로 목욕탕 시설 이용에 차별받지 않도록 관련 규정을 마련하고,

공중서비스 시설에 대한 행정지도 등을 통해 외국인 차별 행위를 예방하라"라고 권고했다.

한 언론사와의 인터뷰에서 G는 한국 여권과 운전면허증을 내보이며 자신도 한국인이라고 항변했다. 한국인의 반흑인성은 우리보다 조금만 피부색이 어두우면 높은 울타리를 쌓고, 두꺼운 경계선을 긋게 한다. 한국 정부가 발행한 여권, 주민등록증, 운전 면허증 등이 있어도 소용없다.[18]

2014년에도 유사한 일이 벌어졌는데, 서울시 광진구에 있는 대형 찜질방이 외국인 전용 탕을 만들었다. 그 탕은 찜질방 내 외진 곳에 있는 데다가, 욕조도 없이 샤워기 네 개만 매달려 있고, 온수조차 제대로 나오지 않아 사용이 거의 불가능했다. 찜질방 측은 "외국인과 탕을 같이 쓰는 것을 싫어하는 손님들이 있어 만든 곳"이라고 설명했다. 이 일은 2014년 1월 16일 자 《문화일보》에 보도되었는데, 흑인 여성이 한국인 찜질방 업주에게 입장을 거절당하는 장면이 묘사된 삽화가 함께 실려 우리 사회의 반흑인성을 재확인해주었다.[19]

옆 나라 일본에서도 비슷한 일이 있었는데, 1999년 오타루 小樽시의 어느 목욕탕이 외국인의 입장을 거부했다. 이에 피해자들은 목욕탕과 오타루시를 상대로 손해배상 청구 소송을 제기했다. 재판부는 인종차별이 발생했다고 인정하면서 목욕탕은 공공성을 가진 곳으로 희망하는 자는 국적과 인종에 상관없이 이용할 수 있어야 한다고 판결했다. 우리나라에서는 일상에서의 인종차별 문제가 법원까지 가는 경우가 거의 없지만, 일본에서는 법원

이 가해자의 손해배상 책임을 인정하고 있다.[20]

연장선에서 국제연합의 인종차별철폐위원회는 우리나라에서 인종차별 범죄가 거의 발생하지 않고, 인종차별에 대한 고소가 적은 것[21]이 반드시 긍정적인 현상은 아니라고 지적한 바 있다. 이는 인종차별을 금지하는 법이 부재하고, 피해자가 보상받을 자신감이 없어 빚어진 현상일 수 있다는 것이다.[22] 실제로 2019년 국가인권위원회가 외국인을 대상으로 실시한 조사에 따르면, 인종차별에 대응하지 않은 이유로 '달라질 것으로 생각하지 않아서'가 57.8퍼센트로 가장 많이 꼽혔다.[23] 달라지지 않는다니, 이 얼마나 무서운 말인가. 많은 외국인에게 대한민국은 변화의 희망조차 없는 그런 사회인 것이다.

앞서 우즈베키스탄 출신 귀화인 G는 초등학교에 입학할 자신의 아이가 놀림당하게 될까 봐 참을 수 없어 행동에 나서게 되었다고 했다. 이러한 우려와 불안은 실제 현실에서 비롯된 것이다. 가수 싸이의 〈강남스타일〉 뮤직비디오에 출연해 유명해지며 '리틀 싸이'로 인기몰이를 한 황민우는 한국인 아버지와 베트남인 어머니 사이에서 태어났다. 당시 초등학교 2학년에 불과했기에 그의 이른 데뷔를 조명하는 기사들이 쏟아졌는데, "잡종", "뿌리부터 쓰레기" 같은 혐오성 짙은 악성 댓글들이 달리자, 소속사가 나서서 경찰에 수사를 의뢰했다.[24] 이처럼 우리 사회에서 다문화 가족 자녀는 피부색이 다르다는 이유만으로 각종 폭력에 심각하게 노출되고 있다.

수많은 피부색

2019년 4월 미국의 흑인 인권운동가 도미니크 아폴론Dominique Apollon이 생애 처음으로 자신의 피부색에 맞는 반창고를 찾았다며 소셜미디어에 올린 게시물이 큰 화제가 되었다. 그의 게시물은 약 53만 회의 '좋아요'를 받고 10만 회가량 공유되었는데, 오른쪽 새끼손가락에 자신의 피부색과 비슷한 짙은 갈색의 반창고를 붙인 사진이었다. 그는 45년을 살면서 처음으로 자신의 피부색과 같은 반창고를 붙여보니, 그동안 자신도 모르는 사이에 차별받고 있었다는 생각이 드는 동시에, 너무나 기뻐서 눈물을 겨우 참았다고 전했다. 우리가 알고 있는 반창고의 색은 대부분 베이지색 계열로 흰 피부에 맞춰져 있다. 피부색이 검은 외국인이 자신에게 어울리는 반창고를 이용할 다양성 자체가 존재하지 않는 것이다. 반창고 대부분이 흰 피부에 어울리는 베이지색이라는 사실은 피부색으로 흰색이 검은색보다 자연스럽고 정상적이라는 사회적 합의가 존재함을 폭로한다. 2021년 미국의 제약사 존슨앤드존슨이 다양한 인종의 피부색에 맞춘 반창고를 출시해 호평받았다.[25] 언제쯤 우리나라에도 24색 크레파스처럼 다양한 색의 반창고가 판매되는 날이 올 것인가.

검은 피부를 가진 사람에 대한 차별은 종종 그들의 경제력에 대한 차별과 결합해 나타난다. 서구에서 흑인에 대한 차별은 '흑인은 미개하고 무지하며 게으르다'는 편견에서 시작해 '그러므로 그들은 가난하다'는 결론으로 이어진다. 따라서 검은 피부는 빈곤 및 경제적 무능력과 등치된다. 우리나라에서도 '하얀 피부=부유함', '검은 피부=가난함'의 등식이 작동한다. 이 등식은 한국인의 반흑인성이 흑인의 출신 국가가 어딘지에 따라서 미묘하게 달라지는 데서 두드러진다.

> 백인이나 흑인이나 다 똑같은데요, 그래도 어떤 흑인이 미국 사람이라고 하면 무시 못 해요. 미국은 센 나라잖아요. 아프리카에서 온 흑인이라고 하면 그냥 아무런 생각 안 드는데요, 미국 사람이라면 흑인이라고 해도 좀 무섭고 그런 게 있어요. 그런 이미지가 있어요(16세, 남성, 고등학생).[26]

여기서 '센 나라'는 (미국처럼) 당연히 경제력과 군사력이 강한 선진국을 의미한다. 오취리는 2020년 기준 1인당 국민총소득이 2230달러에 불과한 아프리카의 빈국인 가나 출신이다.[27] 만약 그가 가나가 아니라 미국 같은 선진국 출신이었다면, 그가 일으킨 논란에 우리는 좀 더 포용적으로 반응했을까.

> 경영학과에 인도인 교수님이 계시는데요, 어색하단 느낌이 들어요. 인도인인데 교수라고 하니까 뭔가 언밸런스하다는 그런 느낌(26세, 여성, 대학생).[28]

저개발국이라고 간주하는 인도 출신인 데다가 피부색까지 어두운 사람이 자신을 가르치는 교수라는 게 어색하고 불균형하게 느껴진다는 것이다. 서구 선진국 출신의 피부색이 하얀 사람이어야 교수라는 사회적 지위와 '밸런스'가 맞을 테니까 말이다. 이처럼 한국식 인종주의는 피부색의 밝고 어두운 정도와 출신 국가의 경제력 수준이 중첩되어 매우 복잡하고 촘촘한 모습을 띠고 있다.

3장

'짱깨':
국가 폭력의
희생자가 된 화교

한국식 인종주의는 우리와 '다르고' '열등한' 집단들을 만들어냈다. 우리 안의 타자인 이들은 앞서 서술한 역사적 과정을 따라 창조되었다. 개항기부터 계속된 미국 중심주의와 인종적 열등감, 일제강점기에 싹을 틔우고 한국전쟁과 냉전을 거치며 강화된 배타적 민족주의, 급속한 경제성장을 가능케 한 발전주의, 이후 세계화를 경험하며 제시된 경쟁 제일주의와 한민족 우월주의가 복합적으로 결합해 현재의 한국식 인종주의가 되었다. 그 과정에서 화교, 혼혈인, 이주노동자, 무슬림 등이 배제되고 차별받았다. 이때 인간 집단을 다양하게 범주화하는 데 사용되는 것이 바로 인종 개념이다. 예를 들어 피부색 같은 신체적 특징에 따른 구분, 종교에 따른 구분, 민족에 따른 구분 등이 모두 포함된다.[1] 그렇다면 화교는 민족에 따른 구분, 혼혈인은 신체적 특징에 따른 구분, 이주노동자는 신체적 특징과 계급에 따른 구분, 무슬림은 종교에 따른 구분으로 인종화된 집단이라 할 수 있다. 이들은 우리와 생활세계를 공유하고 있으나, '다르다'는 이유만으로 일상화된 차별과 배제를 경험한다.

이와 비슷한 경우가 일본의 의사 오리엔탈리즘으로, 다음과 같은 과정을 거쳐 형성되었다.[2]

1단계: 서구에서 오리엔탈리즘을 수용하는 단계.

2단계: 자신이 속한 민족이 주변 민족보다 우월하다는 근거를 정립하는 단계.

3단계: 주변 민족을 폄훼하는 단계.

한국 사회에서 우리 안의 타자가 창조되고 만들어지는 과정도 이와 비슷하다. 개항과 식민 지배, 한국전쟁과 미군 주둔 경험을 통해 서구에서 오리엔탈리즘을, 일본에서 의사 오리엔탈리즘을 배웠고(1단계), 급속한 경제성장을 토대로 한민족 우월주의가 형성되었으며(2단계), 그 결과 우리보다 경제성장이 더딘 국가 출신이나 피부색이 어두운 사람을 멸시하게 되었다(3단계).

파농은 식민지의 흑인은 비교 대상이 되는 타자가 존재할 때만 자신의 사회적 위치와 정체성을 안정적으로 유지한다고 보았다.[3] 지배당하는 처지 탓에 자기 스스로 존재의 의미를 만들고, 또 찾을 수 없기 때문이다. 똑같은 이유로 식민 지배를 경험한 한국인은 언제나 비교에 집착하고, 따라서 우리 안의 타자를 만들어왔다. 파농은 《대지의 저주받은 사람들》에서 식민 지배를 경험한 사람은 내면에 히스테리 증상으로서 공격성이 깃드는데, 알제리 흑인에게서 자주 보이는 귀신 들림 증상, 춤에 대한 열광 등이 바로 그 공격성의 표출이라고 했다. 이를 우리 사회에 적용해보면, 서구에 대한 열등감에 시달렸던 한국인의 무의식에도 이런 공격성이 잠복했을 수 있다.[4] 오랜 시간 집단적인 모욕과 멸시에 시달린 사람은 수치심을 극복하기 위해 허세를 부리거나 남과 비교하기를 즐기며 자신의 우월함을 입증하고자 끊임없이 시도한다. 그들은 물질적 풍요와 타인의 인정을 강하게 열망하고, 자신보다 열등하다고 판단된 타자에게는 공격성을 드러낸다.

한편 구한말 서구에 약탈당하고 뒤이어 일본에 식민 지배당한 경험은 저항적 민족주의를 태동시킴과 동시에, 강한 존재에 대한 선망과 모방 심리를 자극했다. 즉 '저항'과 '모방'이 동시에 진행되었는데, 청일전쟁에 패한 청나라가 일본에 배상금을 지급하는 문제를 다룬《독립신문》의 다음 사설에서 이러한 특징이 잘 드러난다.[5]

> 만일 조선 사람들이 꿈을 깨어 진보하고 공평하고 정직하고 편리하고 부국강병하는 학문과 풍속에 힘쓰면 조선도 청국을 공격해 요동과 만주를 차지하고 배상 수억 원을 받을 수 있다. 원하건대 조선 사람들은 마음을 크게 먹어 10년 후에 요동, 만주를 차지하고 일본 대마도를 찾아올 생각을 하기를 바라노라.
>
> _《독립신문》, 1896년 8월 4일.

침략하고 착취하는 자들처럼 되기를 바라는 선망과 모방의 욕구가 선명히 드러난다. 이러한 욕구는 일본이 한국인에게 가했던 일상적 차별과 수모를 그대로 따라 하도록 이끌었고, 그 결과물이 우리 사회 안에 존재하는 여러 타자 집단이다. 한국 사회의 배타적 태도는 역사적 경험과 사회화 과정을 거쳐 내면화된 '마음의 습관habits of the heart'[6]이다. 이 과정에는 항상 특정 집단의 희생이 뒤따른다. 타민족, 우리와 문화와 종교가 다른 사람, 피가 섞인 사람, 피부색이 검은 사람 그리고 가난한 사람이 바로 그들이다. 한국식 인종주의가 희생시킨 그들의 이야기를 들어보자.

비슷해서 더 싫다

수업 중에 화교 이야기를 하면 학생들이 깜짝 놀란다. 흑인, 이주노동자, 무슬림에 대해서는 어느 정도 알고 있지만, 화교가 우리 사회에서 차별당하는 집단이라고 생각해보지 않았기 때문이다. 그만큼 화교는 우리 사회에서 '비가시화'되어 있다. 차별하기 때문에 보이지 않는 것이다.

한국 화교, 재한 화교, 또는 줄여서 한화韓華라고도 부르는 화교는 한국에 거주하면서 중국 문화를 유지하고 있는 타이완 국적의 외국인을 뜻한다. 화교는 전 세계 180여 개국에 흩어져 있는데, 이 중 약 80퍼센트가 아시아 국가들에 산다. 거주 중인 국가의 경제성장을 주도하는 주요 구성원으로 자리 잡은 화교는 오늘날 전 세계 금융 네트워크를 움켜쥔 막강한 집단이다. 한마디로 유대인과 더불어 모국을 떠나 성공한 대표적인 집단이 화교인데, 우리나라에서는 상황이 다르다. '차이나타운이 없는 유일한 나라'[7]로 불릴 정도로, 우리나라에서 화교는 소수화된 차별받는 집단이다. 한국식 인종주의가 서구의 인종주의와 다른 것처럼, 한국 사회 속 화교는 다른 나라의 화교와는 다른(열악한) 상황에 있는 것이다.

즐겨 먹는 음식으로 늘 짜장면을 손에 꼽으면서도, 화교를 '짱깨', '떼놈', '짱꼴라' 등의 멸칭으로 부르는 한국인의 이중성은 어떻게 설명할 수 있을까. 화교는 다른 어떤 이주 집단보다 긴 100년 이상을 한국인과 같이 살아온 만큼 친숙한 집단이어야 하는데, 왜 아직도 우리 사회에서 이방인으로 취급되는가.

우리와 화교의 외모가 구분이 안 될 정도로 비슷한데 어떻게 인종주의의 대상이 될 수 있냐고 반문할 수 있다. 그러나 한국인이 나름의 역사적 경험을 통해 독특한 인종주의를 형성했듯이, 인종 개념도 생물학적 특징에 기반을 둔 분류에서 문화적 차이에 기반을 둔 차별로 진화하고 있다. 그러면서 문화적 차이마저 위계화되고 있어 '인종 없는 인종주의'라고 불릴 정도다. 프랑스의 철학자 에티엔 발리바르Étienne Balibar는 이를 새로운 시대의 인종주의로 제시했는데, 그 근간에 생물학적 차이 대신 극복할 수 없는 문화적 차이가 놓여 있다고 분석했다.[8] 이 또한 인종화racialization라 할 수 있는데, 다만 그 과정이 신체적 특징을 필수 조건으로 하지 않는 문화적·담론적 과정일 뿐이다.[9]

인종을 생물학적 개념이라는 울타리에 가둘 수 없고, 동시에 인종은 (생물학적 특성에 기초해) 사회적으로 규정된 집단이라는 정의[10]를 고려할 때 화교는 우리 사회에서 사회적으로 규정된 타자 집단이다. 일견 외모상 별다른 차이는 없지만, 화교라는 한 집단에 선천적으로 속한다는 이유만으로 차별당하고 있기 때문이다. 즉 화교에 대한 차별은 인종 없는 인종주의이자, 한국식 인종주의인 셈이다. 인종적으로 매우 유사하지만, 중국과 민족적으로 대립해온 역사와 근현대사를 통해 형성된 배타적 민족주의가 얽히고설켜 화교에 대한 차별을 정당화한다. 일본의 심리학자 고자카이 도시아키小坂井敏晶의 다음 말은 화교에 대한 차별에 대해 곱씹어볼 지점을 제공한다.

> 거리가 가까워질수록 경계를 유지하기 위한 차별화의 힘이 더 강하게 작용하는 현상이 여기에 잘 나타나 있다. 이질성보다 동질성이 오히려 차별을 유발하기 쉽다.[11]

우리와 다르다는 이유뿐 아니라, 우리와 유사하다는 이유로도 차별은 가해질 수 있다는 것이다. 다르다는 것보다 오히려 비슷하다는 것이 차별을 일으키기 쉽다는 지적은, 화교처럼 외모상 우리와 거의 구별되지 않는 유사한 집단을 향해 그 유사함을 최대한 희석하고자 울타리를 더 높게 쌓는 행태를 잘 설명한다.

당신은 몰랐던 화교의 역사

화교는 우리와 가장 오랫동안 역사와 생활세계를 공유한 타자 집단 가운데 하나다. 1882년 6월 임오군란으로 청나라 군대가 우리나라에 들어올 때 남양만 마산포에 같이 도착한 40여 명의 상인이 우리나라 화교 역사의 시작이었다. 이후 8월 조선과 청나라가 맺은 '조청상민수륙무역장정朝淸商民水陸貿易章程'에서 "양국 상민은 개항장에서 통상할 수 있고 토지의 조차 및 가옥의 임차, 건축을 소유할 수 있다"라고 규정한 것을 계기로 많은 중국인이 우리나라로 이주했다. 여기에는 중국 국내 사정도 적지 않은 영향을 미쳤는데, 무엇보다 1898년 산둥성 일대에서 발생한 의화단의 난이 결정적이었다.[12] 의화단의 난은 1901년 진압되었는데, 지지 세력이었던 산둥성 주민들은 그 후 쫓기듯 외국(특히 가까운 한국)으로 이주할 수밖에 없었다. 또한 1920년과 1921년의 대홍수, 인구밀도가 높아지며 떨어진 삶의 질 등도 중국인의 한국행을 촉진했다.

당시만 해도 화교의 사회적·경제적 지위는 높았다. 이들은 거주와 여행의 자유 등에서 특혜를 누렸고, 중국 정부에 지원받은 덕분에 경제적으로 여유로워 서울 도심에 자리 잡았다.[13] 그런데 1894년 청일전쟁에서 중국이 패배하면서 조선인의 멸시가 심해지기 시작했다. 일본인은 문명개화를 이룬 우수한 민족인 데 반해 중국인은 제일 약하고 미개한 인종으로 간주되었다.[14] 개화기의 대표적 지식인 중 하나인 윤치호는 일기에서 중국인을 매우 부정적으로 묘사했는데, 악취가 나고 불결하며, 무기력하고 교만하며, 완고한 고집불통으로 그렸다.[15] 그에게 중국인은 "입만 벌리면 개똥과 같은 더러운 냄새가 나고, 이빨을 닦지 않고, 허풍 떨며 떠들어대는 것만 좋아하고, 게으르며 무의미한 고전이나 시가만 잘 읽는" 존재였다.[16] 또한 미국에 거주하는 중국인을 "중국의 찌꺼기로서, 공공의 삶과 사사로운 삶이 구분 없이 화석처럼 붙어 굳어진 동양 전통을 가진 데다가 무지해 가르치기 어려우며, 야망도 수치심도 없다"라고 묘사하면서, 개명한 공화국의 시민이 되기에 매우 부족하다고 평가했다.[17] 윤치호는 미국이 단행한 중국인 이민 억제 정책을 옹호하고 청나라의 약한 국력을 비난했으며, 중국군을 '도야지 군대', 중국 조정을 '오랑캐 조정', 내정 간섭의 주범인 위안스카이를 '도야지 원'이라고 경멸했다.[18] 유길준도 《서유견문》에서 미국 내 중국인은 "불학무식한 하류층 사람이자, 불결한 아편쟁이"라고 묘사했다.[19]

중국을 향한 멸시가 강해진 데는 조선을 대하는 중국의 태도가 변한 것도 영향을 미쳤다.[20] 중국은 전통적 온정주의를 버리고 정책적으로 조선을 예속화하고자 했는데, 정작 미국 등 서구 제국주의 국가처럼 교육이나 의료 등의 분야에서 선진 문물을 전해 주지는 못했다. 또한 중국은 임오군란 때 서울 한복판에서 유혈 진압을 벌였고, 대원군을 납치했으며, 이후 내정 간섭을 일삼았다. 이런 상황은 오랜 기간 중화주의의 포로로 남아 있던 조선의 지식인들을 자극해 서구에서 전해진 근대 문명을 받아들이게 했다. 이로써 조선은 중화주의를 극복하고, 결국 중국은 서서히 멸시의 대상으로, 화교는 차별의 대상으로 격하되었다.

1931년 7월 발생한 완바오산萬寶山 사건은 화교 차별의 기점이 되었다. 이 사건은 중국 지린성 창춘현長春縣의 완바오산 일대에 살던 중국인 지주들이 소작농들을 동원해 조선인들이 개간한 논의 수로를 메우며 시작되었다. 이 조치에 조선인들이 반발해 충돌이 발생했지만, 경상자만 발생하는 정도에 그쳤다. 그러나 다음 날《조선일보》가 중국인들이 조선인들을 핍박한다는 식으로 왜곡해 보도하면서 문제가 커졌다. 이 기사가 호외로 뿌려지며 갓난아이부터 노인까지 당시 조선에 살던 많은 중국인이 무차별적으로 살해당하는 유례없는 제노사이드genocide(집단 학살)가 벌어졌다. 전국에서 중국인을 대상으로 한 폭력이 자행되었고, 그 결과 중국인 200여 명이 목숨을 잃었다. 이에 중국으로 돌아가는 화교가 급증해, 당시 한국의 화교 인구는 1930년 말 6만 9000여 명에서 1931년 말 5만 6000여 명, 1933년 말 3만 7000여 명으로 급감했다.[21] 이 잔인한 사건은 근대사를 다룰 때 제대로 언급되거나 교육되지 않아서 잘 모르는 한국인도 적지 않다. 실제로 강의 중에 이 이야기를 하면 처음 들어보는 학생이 대부분이다. 한국인이 타민족을 집단 학살했다니! 한국은 평화를 사랑하는 동방예의지국인데 말이다.

화교는 우리 사회에서 비가시화되어 있으므로, 잘 알려지지 않은 이야기가 많다. 그중 하나가 화교의 한국전쟁 참전이다. 당시 200여 명의 화교가 우리나라를 위해 목숨을 걸고 싸웠다. 중국인민지원군의 참전 이후, 화교는 대중對中 정보 수집, 중국인 포로에 대한 통역, 심리전 등에 동원되었다. 화교로 구성된 대표적인 부대가 육군 제4863부대 제55지대 소속의 첩보부대 '서울 차이니스Seoul Chinese, SC'였다. 1951년 3월 창설된 이 부대는 대부분 매우 위험한 작전을 수행했기 때문에 피해가 막심했다. 화교는 이 외에도 여러 부대에 소속되어 첩보, 수색 활동을 펼쳐 공을 세웠고, 이후 이승만 정부는 그중 16명에게 훈장을 수여했다. 그러나 '참전용사로서의 화교'[22]에 대한 기억은 우리 사회에 거의 존재하지 않는다.

국가 주도의 차별

앞서 설명했듯이 1960~1970년대는 경제 제일주의의 기치하에 모든 국민이 경제성장을 위해 동원된 시기였다. 경제성장을 위해 순혈주의와 단일민족의 신화가 동원되던 시기에 외국인의 존재는 불순물과 같았다. 또한 당시 화교는 가난했던 한국인보다 상대적으로 부유했기에 질시의 대상이었다. 연장선에서 화교 상권은 늘 견제당했고, 이 때문에 우리나라에는 제대로 된 차이나타운이 만들어지지 못했다.[23] 이러한 상황에서 화교를 차별하는 정책적 조치들마저 잇달아 시행되었다. 특히 다음과 같은 배타적 정책들은 무역업 등에 종사하며 상대적으로 부유했던 화교를 경제적으로 몰락시켰다.

우선 1948년 '외국인에 대한 출입 규제와 외환 규제 조치'가 시행되었다. 이는 화교의 신규 이주를 금지하고, 무역 비용을 상승시켰다. 특히 정부가 부족한 외환 확보를 명목으로 그 거래와 보유 자체를 엄격히 제한하자, 주로 무역업에 종사하던 화교로서는 암시장에서 서너 배 비싼 수수료를 부담하며 외환을 거래할 수밖에 없었다. 경제적 손해를 피하고자 몇몇 화교는 한국인과 공동 명의로 회사를 운영하기도 했으나, 동업자 간의 갈등으로 망하는 경우가 허다했다.[24]

이어서 1949년 11월 17일 '외국인의 입국·출국과 등록에 관한 법률'이 제정되었다. 이 법의 제6조 제1, 2항과 제12조 제1항은 내무부 장관에게 외국인을 출국시킬 수 있는 강력한 권한을 부여했는데, 그 조건은 다음과 같았다.

대한민국의 이익에 배반하는 행동, 또는 경제를 교란하는 행동을 할 우려가 있는 자.[25]

이 조항은 사실상 화교와 기타 중국인이 표적이었는데, 이미 특정한 행동을 한 사람이 아니라 그러한 행동을 할 우려가 있는 사람까지 강제로 출국시킬 수 있다는 점에서 남용될 가능성이 매우 컸다. 또한 "본 법 시행 전부터 대한민국 내에 체류하고 있는 외국인은 본 법 시행일에 입국한 것으로 간주한다"라고 규정한 부칙 제2항도 차별적 의도를 선명히 드러냈다.[26] 이미 100년 가까이 한국 땅에서 삶을 영위해온 화교의 역사를 인정하지 않고, 이들이 법 시행일인 1950년 1월 7일에 입국한 것으로 간주했기 때문이다.

1950년에는 '외국인 창고 폐쇄령'이 내려졌다. 외국인의 부두 창고 사용을 금지한 것으로, 역시 사실상 화교가 표적이었다. 이로써 현물을 대량으로 보관하던 화교 무역업자들이 큰 피해를 보았다. 그 후 1953년과 1962년 단행된 화폐개혁도 현금을 많이 보유하고 있던 화교에게 날벼락 같은 일이었다.

1961년에는 '외국인 토지법'이 시행되었다. 이 법에 따르면 외국인의 토지 취득은 국방, 또는 공공 목적에 따라 금지되거나 제약될 수 있었다. 이로써 농사지어 먹고살던 화교 농민들은 하루아침에 논밭을 잃게 되었다. 이때 많은 화교가 중국 음식점을 열었다. 1968년 7월 법이 개정되어 외국인도 주거용 주택은 200평 이내에서, 영업용 상가는 50평 이내에서 토지를 소유할 수 있게 되었기 때문이다. 다만 이때도 영업용 상가는 두 채 이상 소유할 수 없었다.[27] 이는 화교가 운영하는 중국 음식점이 커지지 못하게 막으려는 조치였다. 자연스레 부동산 가치 상승에 따른 자산 증식에서 화교는 소외될 수밖에 없었다.

1973년도에는 한국인이 운영하는 식당을 보호한다는 명목으로 중국 음식점의 쌀밥 판매를 금지했다. 또한 화교가 한곳에서 오랫동안 경영한 중국 음식점에 중과세를 적용했고, 세무 시찰 및 위생 검열을 자주 시행했으며, 심지어 공무원과 경찰은 무전취식을 자행했다.[28] 이처럼 박정희 정부는 외국자본을 적극적으로 유치하고자 하면서도, 화교에 대해서는 독점자본이 형성되지 못하도록 각종 규제를 가했다.[29] 1970년대에 진행된 '도심 재개발 사업'도 화교에게는 이방인으로서의 위치를 다시 한번 절감하게 한 일이었다. 도심의 화교 상가는 해체되었고, 밀려난 화교는 도시 곳곳으로 흩어질 수밖에 없었다.

교육은 사회 진출 기회를 제공하는 중요한 통로이나, 화교에게 그 통로는 오랫동안 막혀 있었다. 1950년대부터 1990년대까지 정부는 화교학교를 임의단체로 분류했는데, 이는 화교가 진학하고 취업하는 데 큰 걸림돌이 되었다.[30] 사실 한국 정부는 화교 교육에 대해 자유방임적 입장을 견지하며 거의 간섭하지 않았다.[31] 이에 화교는 자신들만의 학교를 세워 중국어로 수업하고, 중국의 역사, 문화, 전통을 가르치는 등 자유롭게 민족 교육을 시행해 중국인으로서의 정체성을 유지, 강화해왔다. 그런데 세대가 낮아질수록 일상어로 한국어를 사용하고 김치를 먹는 등, 중국 전통문화에 영향을 덜 받는 화교가 많아졌다. (이러한 경향은 한국 대중문화의 영향력이 커지면서 두드러졌다.) 그들은 일상에서 한국적인 것을 내재화한 채 살아가지만, 정작 한국의 주류 사회에서는 계속해서 배척당했다.[32] 이것이 바로 화교가 한국에 오랜 기간 정주하면서도 한국인으로서의 강한 정체성과 소속감을 형성하지 못했던 이유다.

이처럼 우리 사회는 가장 오래된 이주 집단인 화교에게 동화하기만을 요구할 뿐 관용적인 태도를 보여준 적이 많지 않다. 처음 이주하고 약 140여 년이 흐른 지금 화교 4~5세대가 한국에 살고 있다. 하지만 그들은 여전히 타이완 국적의 외국인으로 분류된다. 기초생활보장 대상자 확대, 아동수당 도입, 기초연금 및 장애인연금 증액 등 각종 복지 정책이 도입되고 있지만, 화교는 무엇 하나 누릴 수 없다.[33] 세대를 넘어 계속되는 차별은 개인의 기억에만 머무는 것이 아니라 화교 전체로 퍼져나가며 집단의 기억이 된다.[34] 차별과 배제로 화교 인구는 점점 감소해, 현재 1만 5000명에서 2만 명 정도에 불과하다. 화교에 대한 논의는 대개 경제적으로 활용하자는 도구적 관점에 기반을 둘 뿐, 그들을 향한 차별의 역사를 성찰하고 우리와 다른 문화적 차이를 인정하자는 목소리는 거의 들리지 않는다.

조선족이라는 이유

지금까지 논의한 화교를 노老화교라 한다면, 1992년 한중 수교 이후 이주한 조선족은 신新화교라 불린다. 조선족 또한 우리 안의 타자다. 조선족은 중화인민공화국 국적의 한국계 중국인으로 노화교와는 이주 시기와 목적, 사회적·경제적·문화적 특징이 다른 별개의 집단으로 여겨지나,[35] 중국에 뿌리를 둔 외국인으로 차별당한다는 점에서 유사하기에 간단히 살펴보자.

화교에 대한 차별과 조선족에 대한 차별은 꽤 비슷하다. 우선 둘 다 중국인을 향한 멸시에 '우리'와 '타 집단' 간의 경계선을 유지하려는 폐쇄적 민족주의가 더해진 결과라는 점이 그렇다. 우리 사회에서 조선족은 '중국'이라는 범주에 속하는 집단으로, 19세기 말 이후 계속된 중국 멸시의 연장선에서 극단적으로 폄훼당하고 있다. 우리의 폐쇄성은 그 정도가 너무나 심해서 같은 동족이자 동포인 조선족까지 차별하는 것이다.

그런데 조선족에 대한 차별에는 한 가지 요인이 더 추가된다. 바로 조선족에게 덧씌워진 허드렛일하는 하층 계급이라는 이미지다. 중국 멸시라는 문화적 차별에다가 하층 계급이므로 무시해도 괜찮다는 계급 차별이 더해진 것이다. 그 결과 우리나라에서 조선족 거주지는 한국인 거주지와 분리된다. 미국에서 백인과 흑인의 거주지가 분리된 것과 유사하다. 조선족이 많다는 이유만으로 같은 동네, 같은 평수인데도 집값이 3억 원 이상 싸다는 기사가 이를 증명한다.[36] 러시아와 독립국가연합의 고려인이나 중국의 조선족은 핏줄을 중시하는 우리의 전통적인 가치관을 지킨 채 타국에서 같은 문화를 공유하는 민족공동체를 일궈냈다. 만약 핏줄을 중시하지 않았다면 이들은 모래알처럼 뿔뿔이 흩어졌을 것이다. 이처럼 한국인이 중시하는 순혈주의를 잘 지켜온 이들

동포를 차별한다는 것은 이율배반적이지 않은가.

- 조선족은 동포도 같은 민족도 아닌, 우리 국민 피 빨아먹는 기생충이다. 추방해야 한다.
- 조선족 때문에 일자리가 없어 국민끼리 싸운다.

청와대 국민청원 홈페이지에 올라온 청원 글의 일부다.[37] 비슷한 유형의 범죄가 벌어져도 가해자가 조선족이라면 기사에 부정적 댓글이 더 많이 달린다. 가해자가 미국인일 경우 16.2건의 부정적 댓글이 달리는 데 반해 조선족일 경우 167.4건에 달할 정도다.[38] 또한 조선족에 대해서는 "짱깨들 다 내쫓아야 한다"라는 식으로 집단 전체를 싸잡아 과잉 일반화해 비난하는 반면에, 미국인에 대해서는 개인행동으로 국한해 비난하고, 그 피해자가 한국인 여성이라며 책임을 전가하는 경우까지 발견된다. 연장선에서 조선족이라는 사실이 범죄의 원인이라고 볼 수 없는데도, 조선족이 연루된 범죄라면 기사 제목에 꼭 '조선족'이라는 집단명이 들어간다.

- 〈20대 취준생 죽게 만든 가짜 '김민수 검사' 잡고 보니 조선족이었다〉, 《인사이트》, 2020년 5월 14일.
- 〈하정우x주진모 협박범, 조선족 자매 부부 "모든 혐의 인정"…주범은 中도피〉, 《스포츠조선》, 2020년 5월 22일.
- 〈해경 "8명이 태안으로 밀입국 진술 확보"…조력자는 불법

체류 중국인), 《조선비즈》, 2020년 5월 28일.

이들 기사는 개인이 속한 집단은 그 자체가 범죄의 원인이 아닌데도, 특정 국적과 인종을 제목에 밝히고 있다. 이러한 유의 기사에 계속해서 노출된 사람은 개인이 속한 집단이 범죄의 주요 원인인 것으로 착각하게 될 테다. 예를 들어 보이스피싱과 조선족을 연관시키는 보도가 수없이 많이 생산되자, 예능 프로그램에서 이를 웃음거리로 소비한 것처럼 말이다.[39]

최근에는 '초선'과 '조선족'을 합친 표현으로, '초선족'이라는 신조어가 등장했다. 더불어민주당 초선 국회의원들이 2021년 재·보궐 선거에 참패한 이유로 '조국 사태'를 거론하자, 일부 당원이 '초선족'이라 지칭하며 거세게 항의했다.[40] 아무런 관련이 없는데도, 순전히 누군가를 비하하기 위한 멸칭으로서 '조선족'을 사용한 것이다. 이로써 한국 사회에 만연한 조선족 혐오와 인종주의적 편견이 다시 한번 드러났다.

비단이 장수 왕 서방 명월이한테 반해서
비단이 팔아 모은 돈 통통 털어서 다 줬소
띵호와 띵호와 돈이가 없어도 띵호와

1937년 발표된 〈왕 서방 연서〉라는 노래의 가사다. 이 노래의 주인공 '왕 서방'이 아마도 많은 한국인이 떠올리는 화교의 이미지일 것이다. 청나라 때의 만주족 의상을 입고, 뚱뚱하며, 가늘고 긴 콧수염을 가진 그리고 돈으로 모든 것을 해결하려는 천박한 근성을 가진 집단. 이 고정관념이 깨지지 않는 이상 화교는 우리 사회에서 소외된 채 살아갈 수밖에 없다.

4장

'튀기':
혼혈인 배제로 쌓은
한민족 신화

'피는 물보다 진하다'라는 속담이 있다. 같은 핏줄로 이어진 사람에게 더 끌리고 정이 가게 마련이라는 뜻이다. 이처럼 혈연에 유대감을 느끼는 것은 보편적인 현상이다. 그런데 한국인은 그 정도가 너무나 심하다. 너와 나의 피를 집요하게 구분하고, 순혈주의의 신화에 과도하게 사로잡혀 있다. 물론 혈연을 중시하는 한국 문화에도 순기능이 있으니, 눈부신 경제성장은 가족주의와 민족주의로 온 국민이 똘똘 뭉쳤기 때문에 가능했다. 물론 세계가 부러워하는 엄청난 속도의 경제성장은 대가 없이 이뤄지지 않았다. 극도의 배타성을 가진 한국인의 핏줄 문화는 혼혈인을 타자화하고 희생시켰다.

'다문화 가족 자녀'의 기원은 1950년대 초 미군 남성과 한국인 여성 사이에서 태어난 혼혈인에게서 찾을 수 있다. 혼혈인이란 말 그대로 피가 섞인 사람이란 뜻이다. 즉 부모 중 하나가 우리와 다른 인종이나 민족이라면, 이 사이에서 태어난 사람 또한 타 인종이나 이민족의 피가 섞였을 테니, '혼혈인'인 것이다. 따라서 이 용어는 그 자체로 인종차별적이다. 순수한 단일민족에 속할 수 없는 불순한 혈통이라는 의미가 녹아 있기 때문이다. 혼혈인은 '튀기'라고 불리기도 하는데, 원래 이는 종이 다른 두 동물 사이에서 난 새끼를 뜻하는 용어로, 사람에게 사용할 때는 비하의 의미를 띤다. 한마디로 혼혈인이라는 용어에는 순결하지 못한 잡종이라는 폄하의 의미가 짙게 배어 있다. 단일민족을 구성하는 부계 혈통주의에 대한 '생물학적 강박관념'[1]마저 느껴질 정도다. 이런 이유로 국제연합을 비롯한 여러 국제기구가 사용하지 말 것을 권고한 바 있다. 이 책에서 '혼혈', 또는 '혼혈인'이라는 용어를 사용하는 이유는, 여전히 우리 사회에서 흔히 쓰이고 있고, 그 외에는 다른 표현이 없었던 1950년대부터 2000년대 초반까지의 시대상을 보여주기 위해서이나, 그것이 인종차별적인 용어라는 점은 꼭 짚고자 한다.

혼혈인 대신 종종 '혼혈아'라는 호칭이 사용되는데, 혼혈인을 성인으로 대우하지 않는 한국 사회의 모습이 엿보이는 용례다.[2] 이는 다음의 보도에서도 잘 드러난다.

> 두 번째 스크린 나들이에 나선 다니엘 헤니! 다섯 살 때 미국으로 입양된 입양아 역을 맡았는데요. 혼혈아인 헤니가 입양아 역할을 맡아 더욱 화제가 되었죠.
> _〈다니엘 헤니, 차기작에서는 '입양아'〉, SBS뉴스, 2007년 4월 30일.

"밑바닥 인생 중에서도 최고 밑바닥"

피가 섞인 사람을 향한 한국인의 시선은 항상 차별적이었다. 한국전쟁 후인 1950년대 초 미군 남성과 한국인 여성 사이에서 1세대 혼혈인이, 1970년대 미군의 주둔으로 기지촌이 활성화되면서 2세대 혼혈인이 태어났다. 3세대 혼혈인은 세계화가 추진된

1980년대 이후 출생한 이들을 가리킨다. 단일민족과 순혈주의의 환상이 지배하는 사회에서 특히 1세대와 2세대 혼혈인은 부도덕하고 풍기 문란한 행위의 결과물로 낙인찍혔고, 외모의 극명한 차이 탓에 외국인으로 간주되어 해외로 입양 보내야 마땅한 존재가 되었다. 이들은 주로 한국전쟁 당시에 그리고 그 이후에 한국에 주둔한 미군과 '양공주', 또는 '양색시'로 불린 기지촌의 한국인 여성 사이에서 태어났다. 버려진 몇몇 혼혈인의 한국인 어머니는 임신 사실이 드러나자 미군 애인에게 버림받은 여성이거나, 군인 남편이 전사해 홀몸이 된 여성, 또는 전시 성폭력의 희생자였다.

특히 생계를 위해 미군을 상대한 양공주와 그들의 혼혈인 자식을 바라보는 우리 사회의 시선에서 한국식 인종주의와 성차별주의의 결합을 발견할 수 있다. 양공주는 마치 심청이처럼 자신의 몸을 희생해 다른 가족을 돌본다는 점에서 기존의 가부장적 질서를 파괴하는 동시에 계승하는 이중적인 존재였다.[3] 그들에 대한 사회적 냉대에는 한국 남성이 한국 여성을 지키지 못하고 미국 남성에게 빼앗긴 데서 오는 분노, 좌절감 그리고 열등감이 깔려 있었다. 한마디로 양공주는 우리의 약한 국력을 상징하고, 남성적 보호를 제공해주는 미국에 종속된 여성적 처지를 상기시켰다.[4] 이때 미국 남성에게는 아무 비난도 못 하면서 약자인 양공주에게 모든 책임을 전가해 사회 전체가 심리적 위안을 얻었다. 미군 아버지와 한국인 어머니 사이에서 태어난 한 혼혈인은 어머니의 삶을 다음과 같이 회상했다.

한국 여성이 군인과 붙어 다니면 수치요, 밑바닥 인생 중에서도 최고 밑바닥이었다.[5]

그는 한국인은 당연히 한국인과 결혼해야 했으며, 여기에는 어떠한 의문도, 예외도 없었다고 기억한다. 한국인은 한민족으로서의 정체성을 지키기 위해 긴 세월을 너무나 힘들게 싸워왔으므로, 다른 민족의 피가 섞이게 놔둘 여지가 없었다는 것이다.

혼혈인은 순수한 혈통이 아니라 피가 섞였다는 이유 때문에, 유전적으로 열등하거나, 범죄를 저지를 법한 사람으로 묘사되기도 했다. 다음의 기사들은 한국 사회의 인종주의적 시선을 조금도 감추지 않고 적나라하게 보여준다.[6]

미군이 진주하야 조선 여자와의 사이에 부정 교접으로 인한 혼혈아는 유전학상으로 보아서 결코 우수한 형질을 타고났으리라고는 보기 어려운 것이다.
_〈우생학적 견지에서 본 혼혈아와 유전〉, 《조선일보》, 1946년 12월 1일.

무질서한 자유와 남녀평등권이 빚어낸 동양 부도의 탈선이 여자경찰서에서 집계된 기아 통계로 능히 추측될 수 있다. ······ 기아 통계를 보면 도합 10건 중 8건이 혼혈아 사건이라는 것이다.
_〈노랑머리·검둥이 혼혈아의 범람, 부도의가 빚어낸 사회의 일면〉, 《동아일보》, 1947년 8월 27일.

우리의 혈통 속에 조금이라도 혼혈된 것이 있다면 그것은 사대주의다. 화평 통일을 부르짖기 전에 우리 핏속에 잠복하여 있는 불순한 혼혈을 뽑아내자.

_〈세 가지 화평설和平說, 먼저 "피"를 찾자〉, 《경향신문》, 1949년 2월 12일.

혼혈인을 미군과 조선 여자 사이의 '부도의'가 빚어낸 '부정 교접'의 결과로 표현하는 데서 한발 더 나아가, 유전적으로 '우수한 형질'을 타고났을 리 없다고 단정하고 있다. 이러한 인식은 곧 혼혈인을 제거해야 한다는 주장으로 이어진다.[7]

아버지의 나라를 찾아서

정부는 언론 매체와 일반인의 차별적 시선을 교화하기보다는 오히려 앞장서서 혼혈인 배제에 나섰다. 양공주는 정치적 상황에 따라 다시 민족의 구성원으로 수용될 수 있었지만, 혼혈인은 그 여지조차 없었다. 양공주는 미군에게 달러를 벌어들이는 수단으로서의 '가치'라도 있었으나, 혼혈인은 딱히 외화벌이할 재주도 없는 존재였으므로 정부에 더욱 냉대받았다.[8] 그들은 입양되어 소거되어야 하는 존재였을 뿐이다.

정부 시책으로 전원 희망하는 외국에 입양시킬 것. …… 내년 6월 말까지 입양 못 시킬 경우 별도 방법을 해서라도 전원 입양시킬 것이라고 말하고 있다.

_〈혼혈아 천여 명 외국으로 입양 방침〉, 《경향신문》, 1958년 11월 12일.

실제로 이승만 정부는 혼혈인의 해외 입양을 적극적으로 추진하고자 구체적인 행정 조치를 취했다. 이승만은 국무회의에서 다음과 같이 지시했다.

> 6일에 열린 각 시도 문교사회국장 및 소속 기관장 입석 회의에서는 …… 그간 2887명을 해외에 입양시켰으나 아직도 1404명이 남아 있어 고아 입양을 규정한 미국의 특별 이민법의 유효 기간이 오는 6월 말까지 혼혈아들을 조속히 입양 대행 기관을 통해 입양시키도록 하라고 지시하였다.
> _〈남은 혼혈아들 조속 입양 추진〉, 《조선일보》, 1960년 2월 6일.

당시에는 부계 혈통주의에 따라 혼혈인을 '아버지의 나라'에 입양 보내야 한다는 인식이 사회에 만연했는데, 한국 정부는 이를 조장하고 독려했다. 1954년 이승만은 긴급명령을 발동, 보건복지부 산하에 혼혈인을 해외로, 특히 그들의 아버지의 나라인 미국으로 보내는 일을 전담할 '한국아동양호회(현 대한사회복지회)'를 만들었다. 정부의 적극적인 개입하에, 1960년대 중반까지 약 8000명의 아동이 미국으로 입양되었는데, 그중 대다수는 혼혈인이었다. 그 뒤로도 해외 입양이 계속되어, 지난 세기 약 20만 명의 아동이 외국으로 입양되었고, 그중 15만 명이 미국으로 보내졌다. 이 과정에서 해외 입양의 '효율성'을 높이고자 기발한 방법이 동원되기도 했다. 바로 전세기를 이용한 대규모 해외 입양이었다. 이는 1956년부터 1972년까지 진행되었는데, 29회에 걸처 2198명의 아동이 미국으로 보내졌다.[9] 이로써 싸게 많이, 소위 '가성비' 높게 입양 보낼 수 있었다.

제2차 세계대전 전에는 외국인 아동을 입양한 일이 거의 없었던 미국은 한국전쟁 직후 매년 500명의 한국인 고아를 입양했고, '난민구호법Refugee Relief Act'을 통해 1956년까지 4000명에 이르는 고아의 입국을 허락했다. 그다음 해 미국 의회는 이들 고아의 비자 상한선을 없애는 조치를 취했고, 1982년에는 '아메라시안Amerasian 법'[10]을 통과시켜 미국인이 해외에서 낳은 자녀는 이민 특혜를 받도록 했다.[11] 그리하여 한국에서 해외 입양은 곧 미국으로의 입양을 의미하게 되었다. 이처럼 큰 규모로 이루어진 입양의 오랜 역사는 개항기 이후 계속된 미국에 대한 선망과 모방의 욕구가 혼혈인을 '처리'하는 방식에 그대로 적용되었음을 보여준다.

혼혈인을 해외로 입양 보내는 일은 최선의 대책이자, 그들에게도 매우 기쁜 소식으로 포장되었다. 1950년부터 2011년까지 입양 간 아동의 소식을 다룬 신문 기사 1123건을 수집해 분석한 결과, 잘 적응하고 있다는 내용이 대부분이라는 연구가 이를 증명한다.[12] 경쟁적으로 보도된 다음 기사들의 제목에서 이러한 시선을 발견할 수 있다.[13]

- 〈전쟁고아들에게 기쁜 소식. 손쉽게 입국하도록〉, 《동아일보》, 1956년 11월 2일.
- 〈양연 맺고 도미한 우리 혼혈고아 소식. 새 이름 얻고 행복

한 생활〉, 《동아일보》, 1957년 3월 11일.
- 〈천시와 고독 속의 한국 혼혈아에게 밝은 내일을 열어주
자〉, 《경향신문》, 1965년 5월 1일.

정작 한국 사회는 혼혈인에게 '밝은 내일'을 열어주지 않으
면서, 해외에 입양 보내는 것을 마치 시혜를 베푸는 일처럼 묘사
하는 이중성이 엿보인다. 해외 입양은 혼혈인을 위한 것이 아니
라 이질적인 저들을 우리나라에서 추방함으로써, '우리'의 동질
성을 보존하고자 한 지극히 차별적인 선택이었다.

혼혈고아들이나 순 한국인 고아들을 막론하고 미국에 입양
한 고아들은 그들의 새로운 생활과 가정에서 놀라울 만큼 잘
적응하고 있으며, 그들 중에는 입양된 지 불과 1년 만에 유치
원에서 영어에 최우등을 한 아이도 있고, 2년 만에 입양 가정
이 살고 있는 동네에서 소양 검사에 상을 탄 아이도 있다.
_〈놀랄 만큼 환경에 적응〉, 《동아일보》, 1959년 8월 16일.

우리나라에서 태어나 미국 가정으로 입양된 혼혈 아동의 90퍼
센트 이상이 미국 생활에 잘 적응, 행복한 새 삶을 시작하고
있는 것으로 나타났다.
_〈미美 입양 혼혈아 90퍼센트 이상 "잘 적응"〉, 《동아일보》, 1986년 3월 25일.

우리 사회가 철저히 배제한 혼혈인의 '행복한 새 삶'을 애써

강조한 이 기사들은 모종의 죄책감을 덮기 위한 '정신 승리'가 아닐 수 없다.

환대의 조건, 금의환향

한때 우리나라에서도 높은 관심을 받았던 한국계 미식축구 선수 하인스 워드Hines Ward를 기억하는가. 그는 주한 미군으로 근무하던 아버지 하인스 워드 시니어와 한국인 어머니 김영희 사이에서 1976년 태어났다. 한국에서 워드를 낳고 미국으로 건너간 그의 부모는 곧 이혼했다. 언어 장벽 때문에 제대로 된 일자리를 구하지 못해 경제력이 없었던 김영희는 양육권을 얻지 못했고, 결국 워드는 루이지애나에 있는 할아버지에게 보내졌다. 이후 김영희는 다시 워드를 데려오고자 자는 시간까지 아끼며 접시 닦이, 식료품점 점원, 호텔 청소부 등으로 일했고, 결국 8년 만에 워드와 함께 살게 되었다. 이처럼 불행했던 과거를 딛고 2006년 미국 최고의 미식축구 경기인 슈퍼볼에서 MVP로 뽑힌 워드는 모든 영광을 어머니에게 돌렸다. 직후 김영희는 어느 인터뷰에서 이렇게 말했다.

> 어려울 땐 혼혈이라고 돌아보지도 않았는데, 관심이 너무 과잉되었다.
> _⟨최고 스타 된 한국계 미식축구 선수 하인스 워드 모자의 감동 스토리⟩,
> 《레이디경향》, 2006년 3월.

김영희의 지적처럼 한국인은 평소 혼혈인에게 신경도 쓰지 않다가, 유명해지고 나면 뒤늦게 관심을 보인다.[14] 혼혈인을 아버지의 나라로 서둘러 입양 보내며 외국인 취급하면서도, 성공한 혼혈인은 한국인으로 인정하는 이중성을 띤다. 우리 언론 매체에 자주 등장하는 혼혈인은 성공한 사람뿐이다. 한국전쟁 이후 해외로 입양 보낸 아동은 20만 명 정도로 추산되는데, 그중 성공한 이는 극히 소수다. 그 한 줌의 성공 신화를 부각함으로써 우리의 선택을 정당화하는 것이다. 반면 고통받고 소외된 다수의 해외 입양인에게는 눈길을 두지 않는다. "입양 국가라는 트라우마를 안고 있는 나라에서 해외 입양인의 성공은 일종의 신경안정제 같은 역할"을 한다.[15]

입양된 곳에서 성공을 거둔 소수의 혼혈인이 만약 한국 땅에서 자랐다면 과연 그 정도로 성공할 수 있었을까. 혼혈인을 '버린 사람'으로 취급하는 우리나라이기에, 요원한 일이었을 것이다. 1978년 정부는 혼혈인 지원 사업을 시작하는데, 13세 이하는 해외로 입양 보내고, 14세 이상은 기술을 가르쳐 해외에 취업시키는 것이 주요 내용이었다.[16] 즉 나이와 상관없이 혼혈인은 우리 땅에 머물면 안 되는 존재였다. 이처럼 혼혈인에 대한 차별이 정당한 것으로 용인된 사회에서 입양 가지 못한 혼혈인은 은둔의 삶을 살아야 하는 비非국민으로 전락했다.[17] 국내에 남은 혼혈인은 그들만의 학교에 다니고, 지역사회에서도 고립된 채 살았다. 한국인은 미국의 흑백 인종 분리, 남아프리카공화국의 아파르트헤이트에 날 선 비난을 가하지만, 우리도 그들 못지않게 타자를 배제하고 차별한 역사를 갖고 있다. 그리고 그 역사는 현재진행형이다.

우리나라에서 성공을 일궈낸 혼혈인도 소수 있다. 가수 윤수일이 대표적인데, 1955년 울산에서 태어난 그의 아버지는 한국전쟁에 참전한 백인 미군 장교였고, 어머니는 한국인 여성이었다. 그는 한 인터뷰에서 다음과 같이 말했다.

제가 1977년 데뷔했던 때 혼혈인은 '외국인도 아닌 것이, 한국인이 아닌 것'이었습니다. 한마디로 '이방인'이었죠. 가령 무대에 나와서 가요를 부르면 마치 외국인 노래자랑과 같은 어색함이 퍼졌어요. 고독에 몸부림을 친 성장기를 거치고도 항상 가슴속에는 그런 감정의 찌꺼기가 남아 있었어요. …… 제 개인만을 말한다면 혼혈이라는 출신 때문에 핍박받고 차별받은 것은 사실이지만, 그것에 절대 분노하지는 않았습니다.

_〈'아파트'의 경쾌한 리듬에 담긴 허무함과 쓸쓸함 그게 내 음악이고 인생이었다〉, 《월간조선》, 2006년 6월.

'외국인도 아닌 것이, 한국인이 아닌 것'이라는 윤수일의 표현처럼 혼혈인은 어떤 집단에도 속하지 못하는 중간자적 존재이자 이방인이었다. 그처럼 성공한 혼혈인도 불완전한 소속감과 차별을 경험했는데, 천부적인 재능을 가지지 못한 대다수 혼혈인의 삶은 얼마나 힘들었을까.

어쩌면 백인 혼혈 윤수일보다 더 차가운 시선을 겪었을 흑인 혼혈 가수들로 인순이와 박일준이 있다. 이들은 우리나라의 반흑인성 탓에 많은 차별을 받았다. 인순이는 1957년생으로 흑인 미군 아버지와 한국인 어머니 사이에서 태어났다. 가수로서 뛰어난 성공을 거둔 그조차 "혼혈인으로서 할 수 있는 건 많지 않았다"라고 고백했다.[18] 박일준도 한국전쟁 직후인 1954년 흑인 미군 아버지와 한국인 어머니 사이에서 태어났는데, 세 살 때 보육원에 버려졌다. 그는 "한국 사람 같지 않은 외모로 상처받았다. 흑인을 비하하는 '니그로'란 별명을 들었다"라며, "생김새로 흑인일 거로 생각해 '너희 나라로 돌아가라'라고 했다. 내 나라는 한국인데"라고 회고했다.[19]

한 개인이나 집단을 포용할 것인지 말 것인지를 결정할 때 한국인은 그 대상이 포용할 가치나 자격이 있는지를 평가하곤 한다.[20] 기본적으로 혼혈인은 배제의 대상이지만, 워드처럼 성공한 혼혈인은 포용할 가치와 자격이 있으므로 '금의환향'한 자랑스러운 한국의 아들로 재탄생된다.

미군 흑인 병사와 한국인 여성 사이에서 태어나 세 살 때 스위스로 입양되었던 아이가 25년 만에 세계 최정상의 무용수가 되어 한국에 돌아왔다. …… (그는) "어머니, 한국에서 살던 집, 김치 등 한국에 관한 많은 기억이 남아 있다"라며, "성장기에는 나 자신의 정체성 때문에 고통스러웠다"라고 말했다.

_〈혼혈 해외 입양아 '금의환향' 25년 만에…세계적 무용수로〉, 《경향신문》, 1999년 3월 13일.

참으로 낯 뜨거운 제목과 내용이지 않은가. 성공한 혼혈인에게만 선택적으로 관심을 주는 우리의 태도는 물질 중심주의적인 가치관에서 비롯되었다. 박정희 정권이 추구한 경제 제일주의 및 발전주의는 물질적인 부와 성공에 큰 가치를 두게 했고, 이는 타자를 대할 때도 마찬가지였다. 상대적으로 성공하지 못한 혼혈인의 경우, 왕따 등으로 학교 적응이 쉽지 않아 교육에서 배제되었고, 자연스레 취업에서 차별받았으며, 결국 빈곤을 대물림하게 되었다.

혼혈인이 배제되는 또 다른 영역은 군대였다. 혼혈인은 1972년 병역법 시행령에 따라 '외관상 명백한 혼혈인 및 부父의 가家에서 성장하지 아니한 혼혈인'은 제2국민역에 편입되어 병역을 면제받았다. 즉 혼혈인에 대한 병역 면제는 비자발적 병역 면제였다. 군대를 못 가는 것과 안 가는 것은 큰 차이가 있는데, 이때 병역을 면제시킨 것은 시민의 자격을 주지 않은 것과 다름없었다. 약 30년이 지난 2006년에서야 입대를 원하는 혼혈인은 군대에 갈 수 있도록 정책이 바뀌었다.[21]

한국 사회는 혼혈인에 대한 제도적 차별을 오랫동안 계속해 왔는데, 국적법도 마찬가지였다. 해당 법에 따라 한국인 어머니와 외국인 아버지 사이에서 태어난 혼혈인은 대한민국 국민이 될 수 없었다. 문제는 한국전쟁 이후 미군의 주둔으로, 대부분의 혼혈인이 한국인 어머니와 외국인(미국인) 아버지를 두었다는 것이다. 하지만 모계 혈통이 무시당한 탓에 이들은 국민으로 인정받지 못했다. 1998년이 되어서야 국적법이 개정되며, 어머니만 한국인일 경우에도 자녀가 한국 국적을 취득할 수 있게 되었다.

다문화 없는 다문화 사회

2000년대 들어 '다문화'라는 용어가 새롭게 등장했다. 2003년 30여 개 시민단체로 구성된 건강가정시민연대가 '혼혈아', '국제결혼' 같은 차별적 용어 대신 권장한 것으로, 이후 널리 사용되었다.[22] 그렇다고 '혼혈'이라는 용어가 완전히 폐기된 것은 아니었다. 여전히 각종 기사에, 그것도 제목에서 빈번히 등장한다.

- 〈다민족 코리아…신생아 20명 중 1명꼴 '혼혈'〉, 《세계일보》, 2014년 7월 30일.
- 〈"백인 혼혈은 예능, 동남아 혼혈은 다큐"…차별에 멍드는 다문화 2세〉, 《매일경제》, 2021년 5월 4일.
- 〈일日에 '선빵' 날린 혼혈 국가 대표 "역사 잘 알기에, 이기고 싶었다"〉, 《한국일보》, 2021년 7월 28일.
- 〈흑인 혼혈 딸과 비행기 탔다가…인신매매범으로 몰린 백인 엄마〉, 《연합뉴스》, 2021년 11월 9일.

혼혈인을 칭하는 인종차별적이지 않은 새로운 용어가 등장했는데도, 상황은 크게 바뀌지 않았다. 게다가 '다문화'라는 용어가 '인종', 또는 '인종차별'이라는 용어를 대체해 사용되는 경향 때문에 관련 문제를 직시하지 못하게 막는 폐해마저 발생했다.

역사적으로 한국의 다문화 가족은 1950년대 한국전쟁 이후 미군 남성과 한국인 여성으로 구성된 가족, 1980년대 중반 이후 이주노동자를 중심으로 구성된 가족 그리고 1990년대 후반 이후 결혼 이주자(주로 여성)와 한국인 배우자로 구성된 가족 등을 모두 포함한다.[23] 즉 우리나라는 2000년대 들어서야 비로소 다문화 사회가 된 것이 아니라, 1950년대 이후 줄곧 다문화 사회였다. 물론 그 시초는 미군 남성과 한국인 여성 사이에서 태어난 혼혈인으로, 이들은 국가가 나서서 해외로 입양 보내는 등 적극적으로 '버려졌다'는 점에서 우리 사회의 '반反다문화성'을 가장 적나라하게 보여주는 집단이다. 이들이 출현할 수밖에 없었던 우리 사회의 역사적·정치적·구조적 측면에 대한 성찰 없이 해외 입양이라는 이름의 '추방'만 추진되었다는 사실에 대해 우리는 여태껏 제대로 된 논의와 반성을 해본 적이 없다.

21세기가 시작된 지도 20여 년이 지난 오늘날 혼혈인에 대한 인식은 얼마나 개선되었을까. 2020년 10월 국방부 블로그에 〈예비역 육군 병장 다스 우람 1〉이라는 글이 올라왔다. 다스 우람은 방글라데시인 아버지와 한국인 어머니 사이에서 태어났는데, 아버지에게 받은 '다스'라는 성에 우람하게 태어났다고 외할머니가 지어준 '우람'이라는 순수 한글 이름이 붙었다. 그는 제6사단 제7연대 제2대대에서 소총수로 복무하다가 2020년 1월 전역했다. 블로그는 다스 우람의 사연을 소개하며 "다문화 가정의 자녀,

아들들이 다 자라서 병역 적령기에 도달하고 있다. 그뿐 아니다. 귀화 외국인들, 즉 한민족의 피를 받지 않은 미래 병역 대상 자녀들도 자라고 있는 것이 심심치 않게 눈에 띄고 있다"라고 적었다. 다문화 가족 출신은 '한민족의 피를 받지 않았다'고 규정한 데서 순혈주의와 배타적 민족의식이 여실히 드러난다.[24] 연장선에서 국방부가 '다문화 장병 관리'라는 명목으로 혼혈인을 주의 인물로 분류해 전방 부대 배치를 유보해오고 있다는 비판도 존재한다.[25]

다문화 가족 관련 정책을 담당하는 여성가족부의 홍보물조차 배타적 민족주의를 감추지 않는다. 《2021년 가족사업안내》를 보면 다문화가족지원센터의 회원 자격을 '대한민국 국민, 결혼 이주자, 다문화 가족 자녀, 북한 이탈 주민, 기타 등'으로 규정하고 있다. 이 분류에 따르면 다문화 가족 자녀는 대한민국 국민에 속하지 않는 열외 집단이다. 대부분의 다문화 가족 자녀는 한국에서 태어나 한국 국적을 가진 국민이라는 사실을 정부조차 망각하고 있는 것이 우리의 현실이다.[26]

여성가족부 산하의 한국건강가정진흥원도 비슷한 잘못을 저지른 바 있다. 해당 기관은 '다문화가족 교류·소통공간'이라는 프로그램을 운영하는데, 난타 참가자를 모집하면서 '다문화 가정 & 일반 가정 여성'이 대상이라고 밝혔다. 다문화 가족은 '일반적'이지 않고 '특수'하다는 말인가. 다문화 가족을 '우리'가 아닌 '타자'로 여기는 태도를 은연중에 드러낸 것이 아닐 수 없다. 미국에서 인종 집단을 백인, 흑인, 히스패닉, 아시아계 등으로 나누는 것처럼, 우리나라에는 '순수 한국인'으로만 구성된 '일반' 가족과 외국인이 포함된 '다문화' 가족이라는 두 인종 집단이 존재한다. 또한 미국에 '백인 대 유색인'이라는 인종적 위계가 존재하는 것처럼, 우리나라에는 '일반 가족 대 다문화 가족'이라는 인종적 위계가 존재한다. 다문화 가족이 비다문화 가족과 구별되는 이질적인 집단으로 간주되면서 이들에 대한 또 다른 차별이 발생하고 있는 것이다.[27]

'튀기'부터 '순종'까지

몇몇 고위 공직자는 혼혈인에 대한 우리 사회의 인식을 날것 그대로 드러내 논란을 일으키기도 했다. 이들의 생각은 정책 방향에 큰 영향을 미치기 때문에 매우 중요하다. 2019년 6월 한 지방자치단체장이 다문화 가족들을 위한 운동회 축사에서 이렇게 말해 문제가 되었다.

> 생물학적·과학적으로 이야기한다면 잡종강세라는 말도 있지 않으냐. 똑똑하고 예쁜 아이들(다문화 가족에서 태어난 자녀)을 사회에서 잘못 지도하면 프랑스 파리 폭동처럼 문제가 될 수 있다.

해당 발언이 부적절하다고 지적당하자 내놓은 해명은 한층더 충격적이었다.

튀기들이 얼굴도 예쁘고 똑똑하지만, 튀기라는 말을 쓸 수 없어 한 말이다. "당신들은 잡종이다"라고 말한 게 아니라 행사에 참석한 다문화 가족들을 띄워주기 위해 한 말이다.[28]

이 사건은 우리 사회에 내재한 극단적 반다문화성을 적나라하게 보여준다. 해당 지방자치단체장은 자신의 발언이 인종주의적 편견에 사로잡혀 있다는 것조차 인식하지 못했고, 이후 해명에서 '튀기'라는 멸칭을 사용해 문제를 키웠다. 그가 일반인이 아닌 정치 지도자라는 점에서 매우 심각한 문제다.

2020년 11월 3일 치러진 미국 하원의원 선거에서 미국 역사상 처음으로 한국계 여성 연방 하원의원들이 탄생했는데, 민주당의 매릴린 스트리클런드Marilyn Strickland와 공화당의 영 김Young Kim, 미셸 박 스틸Michelle Park Steel 등이 그 주인공이었다. 재외 동포의 성공 신화에 언제나 높은 관심을 보이는 우리 사회에서 이들의 소식은 당연히 크게 보도되었다. 그중 가장 먼저 당선이 확정된 스트리클런드는 아버지가 흑인이고 어머니가 한국인인 혼혈인이다. 1962년 서울시에서 태어난 그는 어머니가 항상 한국인으로서의 자부심을 가르쳤다면서, "내 이름은 순자"라고 자랑스러워했다. 그런데 관련 기사에 달린 수많은 댓글이 '이름이나 얼굴을 봤을 때 한국인 같지 않다'는 내용을 담고 있었다. 또한 선거 직후 한 방송사가 한국계로서 가장 먼저 연방의회에 진출했던 김창준 전 공화당 하원의원과 진행한 인터뷰도 큰 논란을 일으켰다. 그는 스트리클런드에 대해 "100퍼센트 한국 사람처럼 보이지 않고 남편이 흑인이고, …… 그래도 한국 사람이라면 반갑다. 물론 기분이 좋지만 '한국계'는 섭섭하다"라고 말했다. 그러면서 "100퍼센트 한국 사람이면 더욱 좋겠는데, 순종, 저 같은 순종이면"이라며 인종차별적인 발언을 이어갔고, 이를 제지하지 않은 방송사는 큰 비난을 샀다.[29]

스트리클런드는 한국인인가. 아니면, 흑인의 피가 섞였으므로 한국인이 아닌가. 이것도 아니면, '성공한' 혼혈인이므로 한국인으로 받아줘야 하는가. 답을 하기 전에 어느 이주민 지원 단체 소속 전문가의 말을 들어보자.

> 외모에서 차이를 보고 다문화 청소년에게 사람들은 아무렇지 않게 "너는 왜 이름이 한국 이름이니?" 하고 묻는 거예요. 한국 국적을 가진 다문화 아이들을 무조건 외국인으로 보는 거죠. 아이들은 주로 초등학교에 들어가기 전까지 한국인이라고 생각하다가, 학교에 들어가면 친구들이 너 어느 나라에서 왔냐고 계속 물어보니까, 한국인이라고 답하면, 진짜 어느 나라에서 왔냐고 물어요. 아이가 타협해서 "엄마는 어디에서 왔고, 아빠는 한국인"이라고 답하지만, 이게 자꾸 반복되면 '나는 외국인이다'는 정체성이 굳어지거나, 사춘기가 오면 정체성의 혼란으로 힘들어하게 돼요.[30]

외모가 조금만 달라도 '한국인'이 아닐 거라고 자동적으로 생각하게 되는 이 폐쇄적 반사작용을 우리는 진지하게 성찰해야 한다. 피부색이 다르면 '진짜 나라'가 어디인지 집요하게 물어 답을 얻어내야만 직성이 풀리는 배타적 민족주의도 이제는 재검토가 필요하다.

사실 혼혈인의 범위는 나라마다 그리고 시기마다 다르다.[31] 미국에서 흑인과 백인 사이에서 태어난 사람은 흑인으로 간주되나, 남아프리카공화국에서는 혼혈인으로 간주된다.[32] 또한 미국에서 한국계 미국인과 베트남계 미국인 사이에서 태어난 사람은 혼혈인이 아니라, 아시아계 미국인으로 불린다.[33] 우리나라에서 한국인 아버지와 베트남인 어머니 사이에서 태어난 사람이 혼혈인으로 간주되는 것과 대조적이다. 이는 인종, 또는 혼혈인의 범주가 매우 유동적이며, 인간이 만들어낸 신화에 불과하다는 것을 보여준다.

피 한 방울 법칙

20세기 초 미국 남부의 주들에는 명문화된 '피 한 방울 법칙one-drop rule'이 존재했다. 조상 중에 흑인이 단 한 명이라도 섞여 있으면 흑인으로 간주하는 법칙으로, 흑인을 특정하기 위해 만들어졌다. 이를 적용하면, 버락 오바마 전 미국 대통령은 어머니가 백인이지만 아버지가 흑인이므로, 결국 흑인이다. 골프 황제 타이거 우즈도 마찬가지다.[34] 1997년 매스터스 골프 대회에서 우승했을 때, 그는 자기 혈통의 8분의 1은 백인, 8분의 1은 아메리카 원주민, 4분의 1은 흑인, 4분의 1은 태국인, 4분의 1은 중국인으로 소개했다. 그러나 당시 대부분의 언론 매체는 그를 흑인으로 규정했고, 우리는 지금도 그를 흑인이라고 생각한다. 피 한 방울 법칙은 1967년 연방대법원에서 위헌 판결을 받았으나, 오바마나 우즈의 경우처럼 여전히 인종적 판단의 중요한 기준이 되곤 한다. 피 한 방울 법칙은 백인의 순혈주의 전통에서 나온 것인데, 우리나라에도 피의 비율을 따지는 순혈주의 신화가 존재한다. 다음 기사를 보자.

> 영국인 아버지와 한국인 어머니 사이에서 태어난 헤니. 그의 속에는 한민족의 피가 흐르고 있으며, 누구보다 이를 자랑스럽게 여기고 있다.
> _〈다니엘 헤니, 영화 'Mr.로빈 꼬시기'…차가운 여심 녹인다〉, 《조선일보》, 2006년 11월 28일.

헤니를 가리켜 '50퍼센트 한민족'이라고 칭한 기사도 있다.[35] 헤니는 배우이고, 이 기사들은 그의 새 작품이 곧 개봉한다는 소식을 전한다. 그 와중에 헤니에게 한민족의 피가 흐르고 있음을 굳이 강조하는 이유는 무엇일까. 그를 독립된 개인이자 배우로 보는 대신 굳이 50퍼센트 한민족이라고 설명을 덧붙여야만 직성이 풀리는 우리의 의식 깊은 곳에 혼혈인을 반쪽짜리 인간으로 보는 인종주의가 존재하는 것은 아닐까. 부모 중 한 명이 한국인인 국제결혼 가족의 자녀를 '하프 코리안half Korean'이라고 부르는 것 또한 비슷한 이유일 테다.

앞서 일본이 혈액형을 토대로 한국인의 열등함을 증명하려한 일화를 소개했다. 일본은 우생학을 바탕으로, 우수한 일본 민족이 다른 동양 민족들을 병합하고 인종적으로 개량함으로써 서구 열강과 대항해야 한다는 담론을 만들고 퍼뜨렸다. 일제강점기가 남긴 수많은 트라우마와 병폐 가운데 하나로, 우리나라는 이 우생학 담론에 단일민족 신화와 민족주의를 결합했다. 이로써 핏줄에 맹목적으로 집착해 다른 피가 섞인 사람은 열성인자로, 또 순수한 한민족을 더럽히는 존재로 보는 인식이 만들어졌다.

성인의 혈액량이 5리터 안팎인데, 피 한 방울의 지름은 대략 50마이크로미터이므로, 우리는 10만 방울 정도의 피를 가지고 있다.[36] 그중 몇 방울이 한민족의 피인지 따지는 게 과연 무슨 의미가 있을까. 우리는 미국의 피 한 방울 법칙이나 일본의 인종계수 연구에서 드러나는 인종주의의 비과학성을 비난하고 조롱한다. 그러나 우리에게도 '한민족 피 한 방울 법칙'이 존재한다. 우리는 일본의 식민 지배에 분노하고 수치심을 표현하면서도, 그들의 우생학 담론을 그대로 받아들여 우리 사회의 소수자 집단에 적용한다.

거부감과 우월감 사이

2008년 국제연합 인권위원회는 '혼혈'이라는 용어 사용을 자제하도록 권고했고, 이에 따라 우리나라 정부는 '다문화 가정 자녀'라는 용어를 사용하기로 했다. 현재는 다문화가족법상 법률 용어인 '다문화 가족' 이외에 '다문화'가 붙은 다른 표현들은 모두 부적절하다. 그러나 '다문화 아동', '다문화 청소년', '다문화 여성'

등 각종 '다문화 용어'가 남용 중이다. 용어의 남용은 용어의 오용을 불러오므로, '다문화'는 어느새 열등하고 취약한 집단을 뜻하고 있다. 학교에서 선생님은 "다문화 손 들어봐"라고 말하고, 학생들은 다문화 가족 출신 친구에게 "야, 다문화"라고 부른다. "특수 집단화되기를 원하지 않는 사람들을 묶어서 호명하고, 그렇게 불리는 것에 거부감을 느끼는 사람들이 늘어나면, 그것은 '차별의 도구'로 전락하고 만다."[37]

결국 '다문화'라는 용어를 쓸수록 그들과 우리의 다름을 오히려 강조하는 꼴이다. 이것이 지난 1세기 동안 피의 순수성에 집착하고 이질적인 것을 참지 못하는 비정상적인 역사 속에서 만들어진 한국식 인종주의의 자화상이다. 다문화 가족에 대해서는 과거 혼혈인을 해외로 입양 보낸 적극적인 배제와 추방, 해체를 시도하지는 않지만, 우리 사회의 주변으로 내몰고 있다는 점에서 크게 다르지 않다.

어떤 이들은 우리 사회에 인종차별은 없다고 말한다. 관련 주제를 강의할 때 그렇게 주장하는 학생을 종종 만난다. 정말 인종차별이 없는 사회라면 좋겠으나, 그렇지 못함을 보여주는 증거가 너무나 많아 씁쓸할 뿐이다. 예를 들어 한국 최초의 흑인 혼혈 모델인 한현민의 경우를 살펴보자. 그는 아버지가 나이지리아인, 어머니가 한국인이다. 2017년 그는 국제 통신사인 AFP와의 인터뷰에서 다음과 같이 말했다.

어렸을 때 학교에서 친구들과 놀고 있으면 어떤 엄마들이

친구들을 데려가면서 "저런 애랑 놀지 마"라고 말했다.[38]

'저런 애'는 어떤 아이일까. 한현민의 피부색이 하얗다면, 이런 말을 들었을까. 한번은 생판 모르는 사람이 다가와 "남의 나라에서 뭐 하고 있냐"라고 물은 적도 있다고 했다. 한현민의 소속사 대표는 어떤 잡지사에서 "흑인은 재수 없으니, 백인을 데려와라"라고 요구한 일화를 들려줬다. 다른 곳에서는 "우리가 말한 외국인 모델은 파란 눈에 금발을 한 백인"이라는 말을 듣기도 했다고 한다.

우리나라에서 인종 위계화는 매우 세밀하게 체계화되어 있다. 혼혈인 사이에도 인종적 위계질서가 존재하는데, 백인 혼혈이 흑인 혼혈이나 동남아시아인 혼혈보다 더 상층에 있다. 혼혈인의 방송 출연이 늘어나면서 흥미로운 패턴이 발견되는데, 백인 혼혈이면 예능 프로그램에, 동남아시아인 혼혈이면 다큐멘터리 프로그램에 주로 출연한다.[39] 이때 흑인, 또는 동남아시아인 혼혈을 사회적 취약계층으로 그려 동정심을 유발하고, 그래서 이들을 도와줘야 한다는 메시지로 우월감을 포장한다. 반면 밝고 재미있는 콘셉트의 예능 프로그램에 출연한 백인 혼혈에게 시혜를 베풀어야 한다는 선민의식은 찾아보기 어렵다. 연장선에서 백인 혼혈을 향해서는 '체격이 좋다', '예쁘다' 같은 긍정적인 발화가, 동남아시아인 혼혈을 향해서는 '집이 가난하겠다' 같은 부정적인 발화가 이어진다. 또한 서구 출신의 백인과 한국인이 결혼하면 '글로벌 가족'이라고 부르지만, 동남아시아인 여성과 한국인 남성이 결혼하면 '다문화 가족'이라고 부른다.[40] 이처럼 우리나라에서 혼혈인에 대한 위계화된 인종차별은 현재진행형이다.

5장

'똥남아':
이주노동자 차별은
죽음을 낳는다

'똥남아.' 일부 한국인이 동남아시아 출신 이주노동자를 비하할 때 쓰는 멸칭이다. 그들이 더럽고 지저분하다는 삐뚤어진 생각이 노골적으로 드러난다. 우리나라에는 출신 국가별로 이주노동자에게 붙인 혐오 용어가 있다. 파키스탄 출신은 '파퀴벌레', 방글라데시 출신은 '방구', 중국 출신은 '짱깨', '떼놈', 또는 '짱꼴라', 필리핀 출신은 '삐노'라고 불린다. 서구에도 '칭키chinky', '슬랜티 아이slanty eye', '슈림프 아이shirimp eye', '칭챙총ching chang chong', '국gook', '바나나banana', '치가chigga' 등 아시아인을 비하하는 많은 멸칭이 있다.[1] 모욕적이고 경멸이 가득한 멸칭으로 아시아인이 조롱당할 때마다, 예를 들어 손흥민이 경기장에 나타나면 손가락으로 양 눈 끝을 찢는 유럽인 관중을 볼 때마다 우리는 분노한다. 하지만 정작 동남아시아 출신 이주노동자에게 우리도 똑같은 짓을 저지르고 있다는 것은 자각하지 못한다.

따지고 보면 동남아시아인은 가까운 이웃사촌인데, 우리는 그들을 유독 더 혐오한다. 어쩌면 우리나라에서 흑인보다 더 차별받고 무시당하는 집단이 바로 동남아시아 출신 이주노동자일 것이다.[2] 한국식 인종주의에는 '백인-한국인-흑인-동남아시아인'으로 이어지는 인종적·민족적 위계가 존재한다. 백인에게는 친절하고 호감을 표시하지만, 흑인에게는 반흑인성을 드러내며 무시하고 폄하한다. 그리고 같은 황인이자 아시아인인 동남아시아인을 오히려 흑인보다 더 깔본다. 이는 검은 피부를 차별하는 미국식 인종주의에 빠른 경제성장으로 자신감이 생기면서 우리보다 잘살지 못하는 나라를 무시하는 경제적 차별이 더해진 결과다. 동남아시아 출신 이주노동자는 종종 "너희 나라에 냉장고나 세탁기가 있냐?"와 같은 무례한 질문을 받는다. 경제 제일주의의 영향 탓에, 문명의 이기를 경험했는지를 기준 삼아 그들의 지위를 판단하려는 것이다. 이처럼 동남아시아 출신 이주노동자는 한국인의 '백색에 대한 지향'과 '경제적 성공에 대한 욕망'이 투영되는 대상이다.

우리가 흔히 쓰는 '외국인 노동자'라는 표현 또한 동남아시아인 혐오를 드러낸다. 예를 들어 우리는 한국의 대학에서 학생들을 가르치는 백인 교수를 '외국인 노동자'라고 하지 않는다. 이 표현은 공장이나 공사장에서 육체노동을 하는 다양한 국적의 외국인들을 가리킬 때 주로 쓰인다. 보통 저개발국 출신에다가 피부색이 검은 그들을 우리, 즉 '한국인'과 다른 '외국인'으로 확실히 구분 짓는 것이다. 이처럼 '외국인 노동자'라는 표현에는 혐오와 차별의 의미가 녹아 있으므로, 국제연합의 국제노동기구 International Labour Organization, ILO는 '이주노동자'라는 표현을 권장한다.

미국에서도, 한국에서도 아시아인 혐오

같은 아시아인을 차별하는 한국인의 행태는 마치 일제강점기 때의 일본 예외주의와 비슷하다. 당시 일본은 자신이 서구와 대등한 나라인 것처럼 굴었지만, 아무리 부인해도 서구가 경멸하는 아시아의 일원이라는 사실 자체가 달라질 수는 없었다.[3] 이처럼 자신이 아시아에 속함을 괴로워하는 동시에, 아시아를 깔보는 이중적 의식[4]이 우리의 내면 깊은 곳에 똬리를 틀고 있는지 모른다. 또한 한국인이 가진 미국을 선망하고 모방하려는 의식이 이를 부채질하는 것일 수 있다.

실제로 미국을 비롯한 백인 중심의 서구 국가에서는 '아시아인 혐오' 현상이 만연하다. 19세기 중반 중국인들이 대거 미국으로 이주한 이래 시작된 아시아인을 향한 편견과 차별은 현재진행형이다. 이는 코로나19 팬데믹 이후 아시아인을 대상으로 한 증오 범죄가 급증한 데서도 잘 드러난다. 아시아인 혐오에 대응하는 시민단체인 '스톱 AAPI 헤이트Stop Asian American Pacific Islander Hate'가 공개한 보고서에 따르면, 2020년 3월 19일부터 2022년 3월 31일까지 이 단체에 보고된 아시아인 대상 증오 범죄만 1만 1467건에 달한다.

그런데 아시아인 혐오는 미국만의 이야기가 아니다. 2013년 대학내일20대연구소가 서울시 소재 4년제 대학들에 재학 중인 외국인 유학생 302명을 대상으로 한 조사를 살펴보면, 10명 중 3명이 차별을 경험했다고 답했다. 특히 아시아 출신은 36.5퍼센트가 그런 경험이 있다고 밝혔는데, 이는 유럽(20.7퍼센트)이나 북미(32.6퍼센트) 출신보다 높은 수치였다. 또한 아시아 출신은 유학 전 기대감과 실제 만족감의 일치 정도를 나타내는 기대 수준 격

차가 가장 컸고, 자연스레 유학 생활의 만족도가 가장 낮았다.[5]

한국인 대학생들을 대상으로 한 조사도 비슷한 결과를 보였다. 한국인 대학생들은 호감도, 신뢰도, 친구로 삼고 싶은 정도에서 백인에게 3.31점, 흑인에게 2.89점, 동남아시아인에게 2.84점을 주었다.[6] 이로써 드러난 외국인을 향한 한국인 대학생들의 편견은 '백인-흑인-동남아시아인'으로 이어지는 인종적 위계가 실제로 존재한다는 증거로 볼 수 있다. 우리는 외국을 방문할 때 친절히 대접받기를 원한다. 우리가 아시아인이라는 이유로, 황인이라는 이유로, 한국인이라는 이유로 푸대접을 받거나 멸시당하면 매우 언짢고 화날 것이다. 한국인은 대체로 외국인에게 친절한 것으로 알려져 있으나, 사실 한국식 인종주의는 매우 선택적·제한적인 친절을 베풀 뿐이다. 그 예를 몇 가지 살펴보자.

초등학생 자녀를 둔 필리핀 출신의 미등록 이주민 E는 "딸이 학교에서 친구들에게 '너희 나라로 가', '너희 집 가난하지' 등의 이야기를 듣고 왔다"라며 속상해했다.[7] 방글라데시 출신의 이주 노동자 F는 "또 어떤 사람, 같이 일하는 사람, 아저씨가 60살 넘었어요. 나한테 뭐라고 그러냐면 '너희 나라 뜨거운 물 나와?' 그래요. 나 맨날 샤워하는데. '너희 나라 어떻게 뜨거운 물 나와? 너희 나라 돈 없잖아' 그래요. 그런 거 왜 물어봐요? 그 아저씨랑 별로 사이 안 좋아요. 이상한 아저씨예요. 같은 일 하는 한국 사람 아저씨예요. 똑같은 일 하면서"라고 토로했다.[8]

언론 매체들도 선택적 인종주의에 일조한다. 예를 들어 어느 배우가 예능 프로그램에 출연해 "드라마에서 깡패, 거지, 외국인

노동자, 그런 역할만 주로 하다 보니 사람들이 나를 못된 성격에 술도 잘 마시고 담배도 잘 피우는 골초로 안다"라고 한 발언을 그대로 기사화하는 식이다.[9] 서울시 금천구에 범죄 예방 디자인이 도입된다는 소식을 전하며 "지방자치단체 외국인 비율이 전국 2위(지난해 안전행정부 통계)로 인근 서울디지털 23단지와 소공장의 외국인 근로자와 관련된 범죄도 자주 발생하는 편이다"라고 설명을 덧붙인 기사도 있다.[10]

초등학생 아이는 무엇을 보고 필리핀인 어머니를 둔 친구에게 "너희 집 가난하지?"라고 물었을까. 아마도 피부색이 검고 어머니가 필리핀인이라는 사실만으로 가난하리라고 추정했을 것이다. 그렇다면 60대 한국인 남성은 어째서 방글라데시에 온수 시설이 없을 것이라고 예단했을까. 또 언론 매체들은 왜 이주노동자를 깡패나 거지와 동일하게 묘사하고, 그들이 주로 사는 곳을 우범 지대로 단정했을까. 방글라데시에도 온수 시설이 있고, 이주노동자는 우리와 생활세계를 공유하는 직업인이자 생활인이며, 외국인 10만 명당 검거되는 범죄자 수는 내국인의 절반 수준에 불과한데 말이다.[11]

한국인은 피부색이 검으면 위험하고 가난하며 열등한 사람이라고 생각하는 경향이 있다. 2019년 인천시의 한 골목길에서 미얀마에서 온 외국인 유학생 팻승이 술에 취한 한국인 남성에게 무차별 폭행을 당하는 사건이 발생했다. 가해자는 "대한민국 사람 아니야. 이거 다 불법 체류자라니까. 불법 개××들 다 추방하라"라는 막말을 그에게 퍼부었다. 일용직 노동자인 이 남성은 경찰 조사에서 "외국인 노동자가 일자리를 뺏어간다"라고 불만을 터뜨렸다. 팻승은 "이렇게 잘못한 것 없이, 죄 없이 외국인이라고 때리는 거는 너무 당황스럽고 또 마음이 아프죠"라고 심정을 밝혔다. 그는 미등록 이주민도 아니고, 이주노동자도 아닌, 신학을 전공하며 9년째 한국에 거주해온 유학생이었다.[12] 그런데 가해자는 어째서 인종차별적 증오 범죄를 저지른 것일까. 그가 팻승을 본 순간, 머릿속에서 다음과 같은 등식이 자동적으로 작동했기 때문일 테다.

검은 피부의 동남아시아인=불법 체류자=위험한 존재

2020년 7월 고용노동부 블로그에 〈베트남에도 국민연금이 있다? 베트남 사회보험 VSI〉라는 제목의 글이 올라왔다.[13] 베트남의 국민연금 제도를 설명하는 글인데, 제목에서 '~에도'라는 조사와 물음표를 활용해 베트남 같은 저개발국에 설마 국민연금이 있겠냐는 전제를 내비치고 있다. 우리나라보다 경제력이 낮은 동남아시아 국가들에 대한 이러한 인식은 해당 지역 출신 이주노동자를 향한 인종차별에 그대로 투영된다.

한국인은 우리나라보다 경제성장이 더딘 국가에서 온 사람들을 모두 가난할 것이라고 뭉뚱그려 생각한다. 동남아시아인 남성과 결혼한 한국인 여성에게 "부모님이 반대 안 하셨냐?"라든지, "이왕이면 미국, 캐나다, 영국 등 선진국 출신의 백인 남성이랑 결혼하지 그랬냐?"라는 말을 아무렇지 않게 한다.[14] 앞서 소개한 방글라데시 출신 이주노동자의 사례처럼 똑같은 일을 하더라도 검은 피부를 가진 동남아시아인은 더욱 멸시당한다. 가난이 죄가 아니라고들 한다. 그러나 동남아시아 출신 이주노동자에게는 피부색에 따른 차별에 경제적 차별이 더해진다.[15]

우리도 "돈 벌러 간다"

우리는 경제적 격차를 문화적 격차나 인지적 격차와 동일시하는 경향이 있다.[16] 우리나라보다 가난한 국가 출신의 이주노동자는 문화적으로도 미개하고, 인지적으로도 열등할 것으로 생각하는 것이다. '우리'와 '동남아시아'라는 구분 그리고 동남아시아는 열등하다는 평가가 존재할 뿐이지, 그 거대한 권역을 구성하는 11개 국가의 다양한 특징과 차이에는 관심이 없다. 필리핀인, 베트남인, 태국인, 인도네시아인, 캄보디아인, 말레이시아인 등은 각각 고유한 문화와 언어를 가지고 있지만, 우리나라에서는 모두 다 퉁 쳐서 그냥 '동남아시아 출신의, 검은 피부의, 가난한 외국인'이 된다.

물론 동남아시아 출신 이주노동자의 대부분이 경제적인 이유 때문에 한국으로 왔을 것이다. 그런데 1960년대 우리나라에도 똑같은 이유 때문에 독일로 건너간 수많은 광부와 간호사가 있었다. 1970년대 중동으로 파견된 건설 노동자의 경우도 경제적인 이유가 주요 동기 중 하나였다. 즉 조금 더 발전한, 조금 더 많은 돈을 주는, 그래서 조금 더 가족을 잘 부양할 수 있는 나라로 가는 것은 전혀 이상한 일이 아니다. 1963년 12월 21일 자

《경향신문》에 실린 〈산 설고 물 선 서독 땅으로!! 돈 벌러 간다〉라는 기사 제목이 화제가 되었는데, 이처럼 돈 벌러 외국에 가는 것은 그때나 지금이나, 우리나 그들이나 하고 있는 일이다.

몇 년 전 영화 〈국제시장〉이 크게 흥행했다. 개봉한 지 12일 만에 관람객 400만 명을 돌파했고, 28일 만에 1000만 명을 넘겼으며, 두 달 정도 지난 2015년 2월 7일에 1300만 명을 돌파하는 기록을 세웠다. 영화가 대성공한 이유는, 한국전쟁 직후부터 오늘날까지 굴곡진 한국 근현대사를 굳세게 살아낸 주인공 윤덕수의 인생이 그 자체로 한국인의 정서를 자극했기 때문이다. 윤덕수는 가족들을 위해 온갖 궂은일을 마다치 않으며 영화의 홍보 문구처럼 '가장 평범한 아버지'의 상을 대변하는데, 1960년대 들어서는 서울대학교에 입학한 동생의 학비를 대기 위해 파독 광부에 자원한다.

당시 해외로 노동자를 파견한 것은 박정희 정권이 추진한 발전주의 정책 가운데 하나였다. 한국전쟁 후 폐허가 된 우리나라의 경제 상황은 매우 열악해 독자적인 힘으로는 국토 재건이 불가능했다. 그렇다고 선뜻 돈을 빌려주는 나라도 없었다. 이에 박정희 정권은 외화벌이를 위해 노동자 파견 정책을 적극적으로 추진했다. 특히 힘든 육체노동을 대신할 노동자를 파견한다는 조건으로 서독에서 어렵사리 돈을 빌리는 데 성공했다. 그러면서 1963년 처음으로 파독 광부 500명을 모집했는데, 지원자가 무려 4만 6000여 명에 달했다. 월급이 당시로서는 매우 큰 금액인 160달러였기 때문인데, 실제로 1963년 우리나라의 1인당 국민총소득은 120달러에 불과했다.[17] 간호사의 경우 1966년부터 대규모로 파견되었는데, 시신을 닦는다는 확인되지 않은 소문이 돌 정도로 독일인이 꺼리는 세탁, 청소, 간병 등의 모진 일을 도맡아했다.

한국인에게 파독 광부와 간호사에 대한 기억은 대체로 긍정적이다. 그들에 대한 서사는 가난한 1960~1970년대에 머나먼 타향으로 가 열악한 환경에서 힘겹게 일하며 외화를 벌어 조국의 경제성장에 이바지했다는 내용이 주를 이룬다. 흥미로운 점은 이 긍정적인 서사가 성공한 혼혈인을 향한 관심과 닮았다는 것이다. 대한민국 근현대사에서 파독 광부와 간호사만큼 성공 신화를 상징하는 집단은 많지 않다.[18] 이들은 특유의 성실함과 끈기로 돈을 모아 한국에 있는 가족에게 송금했을뿐더러, 독일에서도 인정받아 몇몇은 아예 터전을 마련했다. 이러한 성공 때문에 우리가 관심을 두는 것이지, 그러지 않았다면 잊힌 존재가 되었을지 모른다. 또한 파독 광부와 간호사는 자기 자신을 희생해 가족과 국가의 발전에 이바지한 사람들로서, 우리 사회의 강력한 집단주의를 상징하는 존재이기도 하다. 우리는 파독 광부와 간호사처럼 외국행을 택한 이들의 선택을 '이해'하고 '응원'한다. 그러나 똑같은 이유로 한국행을 택한 동남아시아 출신 이주노동자에게는 어떠한 '이해'와 '응원'도 보내지 않는다. 바로 이것이 한국식 인종주의의 민낯이다.

아빠가 떠나신 지 사계절이 갔는데

낯선 곳 타국에서 얼마나 땀 흘리세요

오늘도 보고파서 가족사진 옆에 놓고

철이 공부시키면서 당신만을 그립니다

　　1979년 발표된 〈타국에 계신 아빠에게〉라는 노래다. 당시 '중동 특수特需'를 상징하는 노래로, 그곳에 파견된 건설 노동자들과 그 가족들에게 많은 사랑을 받았다. 우리나라에 거주하는 동남아시아 출신 이주노동자는 약 50여 년 전 중동으로 건너간 수십만 명의 한국인 건설 노동자의 또 다른 모습이다.

　　1970~1980년대 중동 특수에 올라타기 위해 수많은 건설 노동자가 중동으로 건너갔다. 1973년 삼환기업이 사우디아라비아의 고속도로 공사를 따내면서 시작된 중동 진출은 박정희 정권의 전폭적인 지원하에 대규모로 이루어졌다. 특히 '해외건설촉진법'을 만들어 중동 진출을 장려했는데, 각종 공사를 수주한 결과 흘러 들어온 오일달러가 한국 외화 수입액의 85.3퍼센트를 차지할 정도였다. 그 과정에서 중동으로 건너간 건설 노동자 수는 1975년 6000명에서 1978년 10만 명으로 늘었고, 한때 20만 명에 달하기도 했다.[19] 그들은 가혹한 근무 환경에서 땀 흘리고, 모래 섞인 밥을 먹으며 열심히 일했다. 하지만 건설사가 불리한 계약을 체결하고, 임금을 상습적으로 체불하며, 부실한 식단을 제공하는 등 부당노동 행위도 적지 않게 발생했다.[20] 놀랍게도 이는 오늘날 우리나라에 있는 동남아시아 출신 이주노동자가 겪고 있는 일들이다. 우리가 50여 년 전 직접 경험했던 가혹한 근무 환경

을 그대로 재현하는 꼴이다. 파독 광부와 간호사, 중동 건설 노동자가 과거 우리 경제의 주춧돌 역할을 했듯이, 동남아시아 출신 이주노동자도 그들의 나라에서는 가족과 국가에 이바지하는 산업 역군일 것이다.

한 가지 더 꼭 알아두어야 할 점은 그들이 우리 경제의 주춧돌 역할도 하고 있다는 것이다. 이주노동자의 경제 유발 효과는 2018년 국내총생산의 4.57퍼센트인 86조 7000억 원이었고, 2019년 93조 7000억 원, 2020년 101조 4000억 원에 달했다. 2026년에는 162조 2000억 원까지 증가할 것으로 예상된다.[21]

비닐하우스에서 사람이 죽는다

우리는 일본이 행한 식민 지배의 폭력성과 야만성을 비판하면서도 우리 사회 내부의 식민성에 대해서는 눈감고 있다. 2016년 캄보디아 출신의 한 노동자가 시민단체의 도움으로 고용노동부에 진정을 제기했다. 경상남도 밀양시의 한 농장에 취업한 그는 매일 10시간 이상의 중노동에 시달렸고, 열악한 시설의 숙소에서 생활했으며, 매달 월급이 달랐고, 여러 농장을 돌며 '공용 노비'처럼 일했다. 그러나 정부는 "근로시간과 휴게시간의 증빙이 어렵다"라는 형식적인 답변만 내놨을 뿐이다.[22]

비닐하우스는 집이 아니다!

'이주노동자 기숙사 산재사망 대책위원회'가 청와대 앞에서 시위를 벌이며 들었던 플래카드 속 문구다. 2020년 12월 20일 영하 18도의 한파가 몰아치던 날 저녁, 캄보디아 출신의 31세 여성 누온 속헹Nuon Sokkheng이 채소 농장에 딸린 난방장치 하나 없는 비닐하우스 숙소에서 추위에 떨다가 생을 마감했다.[23] 2021년 2월 2일에는 역시 캄보디아 출신의 30세 남성이 또 다른 채소 농장의 비닐하우스 숙소에서 숨진 채 발견되었다.[24] 이들의 안타까운 죽음 뒤에도 제대로 된 대책은 마련되지 않았다. 2022년 8월 9일 중국 국적의 40대 이주노동자가 어느 제조업체가 운영하는 공장 근처의 컨테이너에서 숨지는 사고가 발생했다. 그는 컨테이너에서 숙식을 해결했는데, 그날도 평소처럼 잠자리에 들었다가 기록적인 폭우로 산사태가 발생해 토사물이 컨테이너를 덮치자 미처 빠져나오지 못하고 사망했다.[25]

2013년 국가인권위원회가 조사한 바에 따르면, 농·축산업에 종사하는 이주노동자의 67.7퍼센트가 컨테이너나 패널 따위로 지은 가건물 등에서 생활하고 있는 것으로 확인되었다.[26] 이주노동자는 이처럼 열악한 곳에서 생활하고 아플 때 제대로 치료받지 못하는 등 주거권과 건강권의 사각지대에 놓여 있다. 게다가 농장주끼리 자신이 고용한 이주노동자를 빌려주고 빌려 쓰는 관행도 만연하다. 이는 '머슴'을 부리던 전근대적인 고용 관계가 계속되고 있음을 보여주는데, 이에 대한 단속과 처벌이 제대로 되고 있지 않다.

덧붙여 농·축산업에 종사하는 이주노동자는 근로시간 및 휴게와 휴일을 규정한 근로기준법 제63조의 적용 대상이 아니라서 장시간·저임금 노동에 시달리고 있다. 국가인권위원회의 조사에 따르면, 이주노동자 중 욕설이나 폭언을 들은 사람은 75.8퍼센트, 폭행당한 사람은 14.9퍼센트, 신분증 제출을 강요당한 사람은 15.5퍼센트에 달하는 것으로 나타나, 이들에 대한 인권침해가 심각한 수준임을 알 수 있다.[27]

아름다운 카리브해가 펼쳐지는 쿠바섬 동쪽 끝에는 미군이 운영하는 관타나모수용소가 있다. 미국 인권의 '흑역사'라 할 수 있는 악명 높은 수용소로서, 2001년 9·11테러가 발생한 후 국가안보를 위협하는 테러 용의자를 가두기 위해 설치한 일종의 감옥이다. 모로코 출신의 이주노동자 M은 우리나라의 화성외국인보호소를 관타나모수용소 같다고 표현했다. 그는 화성외국인보호소 독방에 감금되어 손목과 발목이 뒤로 꺾인 채 결박당하는 '새우 꺾기'를 당했다. 그 외에도 목 조르기나 수갑, 포승줄, 머리 보호구, 박스 테이프 등을 이용한 가혹 행위를 여러 번 겪었다.[28] 한 조사에 따르면 화성·청주외국인보호소의 수감(피보호) 인원은 총 394명으로, 1년 이상 수감된 사람만 12명에 이르는 것으로 나타났다. 이들의 수감은 순전히 법무부 재량으로 이뤄지는데, 그 기준은 공개되지 않았다. 체불 임금을 요구했다가 사업주에게 미등록 이주민으로 신고당하거나, 출국 비용이 없어 수감되는 경우도 적지 않다.

외국인보호소는 원래 강제 출국 대상이 된 외국인을 '임시로' 보호하는 장소다. 그런데도 '장기간' 구금하고 있는 것은 그 상한 기간을 명시하지 않았기 때문이다. 출입국관리법 제63조 제

1항은 "지방출입국·외국인관서의 장은 강제퇴거명령을 받은 사람을 여권 미소지 또는 교통편 미확보 등의 사유로 즉시 대한민국 밖으로 송환할 수 없으면 송환할 수 있을 때까지 그를 보호시설에 보호할 수 있다"라고 규정하고 있다. 이처럼 상한 기간을 규정하지 않다 보니, 외국인에 대한 자의적 구금이 가능해진 것이다. 또한 같은 조 제2항은 보호 기간이 3개월을 넘긴 경우 이후 3개월마다 법무부 장관에게 승인받도록 규정하는데, 독립된 기구의 심사 절차가 존재하지 않아 자의적 구금을 부채질한다. 그렇다면 외국인보호소의 외국인은 '평생' 구금당할 수도 있다. 한마디로 '한국판 관타나모수용소'와 다름없다.

참고로 우리나라와 달리 해외 선진국의 경우 구금 시 상한 기간을 명시하고 있다. 2015년 대한변호사협회가 발간한 〈외국인보호소 실태조사 결과보고서〉에 따르면 뉴질랜드는 6개월 이상 구금 시에는 분명한 이유가 있어야 한다고 규정하고, 독일은 상한 기간을 12개월로 정해둬 이후에는 무조건 석방한다.[29]

우리도 사람이에요. 함부로 때리면 안 돼요.
다시 때리면 다른 회사로 갈 거예요.
그만 욕하세요.
당신은 남자인데, 왜 여자를 때려요.

베트남의 인력 소개소 직원이 만든 한국어 교재 내용이다. 2002년께 만들어져 많은 베트남 출신 이주노동자가 사용한 이

교재에는 한국인 사업주의 폭력에 대처하는 말들이 담겨 있다. 이주노동자 단체 관계자에 따르면, '안녕하세요' 같은 의례적이고 좋은 말만 나와 있는 교재보다 훨씬 인기가 많다고 한다.[30] 이주노동자의 인권이 제도적으로 하루빨리 보장되지 않는다면, 이러한 내용의 한국어 교재가 더욱 많아질지 모른다.

인종주의를 조장하는 언론 매체

동남아시아 출신 이주노동자에 대한 편견과 차별이 조장되는 데는 우리나라 언론 매체의 역할이 적지 않다. 2020년 4월 21일 자 《중앙일보》는 〈광주서 외국인들 대낮 칼부림…여자문제로 두 나라가 붙었다〉라는 자극적인 제목의 기사를 내보냈다. 카자흐스탄과 아제르바이잔 출신의 이주노동자 간에 벌어진 싸움을 다룬 이 기사는 선혈을 떠올리게 하는 빨간 바탕에 칼을 그려 넣은 삽화를 함께 실었다. 굳이 이렇게까지 자극적으로 기사를 꾸밀 필요가 있었을까. 혹시 이주노동자에 대한 기사여서 이런 삽화를 넣은 것은 아닌지 생각할 거리를 던져준다.

2018년 고양시 저유소 화재 사건을 기억하는가. 해당 사건을 다룬 수많은 기사가 용의자가 외국인임을 그리고 그의 국적을 앞다퉈 공개했다.

- 〈경찰, "고양 저유소 화재 관련 실화 혐의로 스리랑카인 긴급체포"〉,《연합뉴스》, 2018년 10월 8일.
- 〈"풍등 날리다 화재"…고양 저유소 실화 혐의 스리랑카인

체포), 《한겨레신문》, 2018년 10월 8일.

- 〈'고양 저유소 화재' 풍등 날린 외국인 벌금 1000만 원 선고〉, 《동아일보》, 2020년 12월 23일.

거의 모든 기사가 제목에 '외국인', 또는 '스리랑카인'을 명시했다. 부정적인 사건이 발생했을 때 연루된 개인이 속한 집단을 드러내는 보도는 그 집단 전체에 대한 혐오를 부추길 수 있어 매우 신중해야 한다. 그러나 관련 보도에서 그러한 신중함은 찾아볼 수 없었다.[31]

2021년 인도네시아에서 한국식 인종주의의 이중성을 비꼰 만화가 유행했다. 만화에서 한국인은 백인 남성에게 "모든 인종은 평등하다. 아시아인에 대한 차별을 멈춰라"라고 울면서 호소하지만, 정작 어두운 피부색의 동남아시아인 남성에게는 냉소적인 미소를 띠며 "노예 인종slave race"이라고 조롱한다. 한국식 인종주의를 신랄하지만 정확하게 묘사한 이 만화를 보노라면 부끄러움에 고개를 들 수 없다. 백인에게는 인종차별을 멈춰달라고 호소하면서, 정작 같은 인종인 동남아시아인은 노예 인종이라고 멸시하는 우리의 이중성을 너무나 잘 꼬집고 있기 때문이다.

2019년의 법무부 조사에 따르면, 국제연합의 193개국 중 110개국의 사람들이 우리나라에 살고 있다고 한다. 우리는 이들을 피부색과 경제력에 따라 위계화하고, 차별해야 하는가. 앞으로 국가 간 장벽은 더 허물어지고, 더 많은 외국인이 우리나라에서 함께 살게 될 텐데, 그렇다면 우리의 인종 위계화 지도는 얼마나 더 복잡해질 것인가. 한 개인이 피부색이나 출신 국가의 경제적 수준에 따라 차별받지 않고, 그 존재 자체로 인정받는 사회가 모든 사람이 행복한 사회일 것이다.

6장

'개슬람':
무슬림을 향한
자동화된 혐오

2021년 여론조사 업체인 한국리서치의 종교 인식 조사에서 이슬람에 대한 호감도는 한국 사회의 4대 종교(개신교, 천주교, 불교, 원불교)에 비해 압도적으로 낮았다.[1] 이슬람에 대한 호감도는 15.6점으로 매우 낮았는데, 24점 이하의 낮은 호감도를 보인 응답자는 72퍼센트, 4점 이하의 매우 낮은 호감도를 보인 응답자는 48퍼센트에 달했다. 천주교 50.7점, 불교 50.4점, 개신교 31.6점, 원불교 28.8점이라는 것을 감안하면, 한국인은 이슬람을 매우 부정적으로 평가한다는 사실을 알 수 있다. 한국인의 반反무슬림 정서는 국내 거주 외국인도 인지하고 있는 듯하다. 앞서 소개한《세계일보》가 국내 거주 외국인을 대상으로 한 조사에 따르면, 어떤 국가 출신이 가장 차별받냐는 질문에 응답자의 48.3퍼센트가 사우디아라비아, 이란, 이라크 같은 중동 국가들을 꼽았다.

무슬림은 약 18억 명으로 전 세계 인구의 24퍼센트를 차지한다. 기독교(33퍼센트) 다음으로 많은 사람이 믿는 종교이나, 우리나라에서 그들은 매우 낯선 존재다. 한국인 중에 무슬림을 직접 만나 대화해본 사람은 소수에 불과할 것이다. 역사상 교류가 활발하지도 않았고, 일상생활에서 상호작용이 많지도 않은 무슬림을 향한 부정적인 고정관념은 어떻게 만들어진 것일까. 어떠한 경험에도 기반을 두지 않은 이 고정관념은 과연 타당한가.

여기서 다시 한번 성공회대학교 연구교수인 후세인이 겪은 일을 살펴보자. 기억하겠지만 그는 인도 출신으로 한국인 친구와 함께 버스를 타고 가는 중에 인종차별적 폭언을 들었다. 한국인 P는 후세인과 친구를 향해 "유 아랍, 유 아랍! 너 냄새 나, 이 더러운 ××야!"라고 욕설을 퍼부었다. 그 순간 후세인은 실제로 어느 나라 출신인지와 상관없이, 깊은 눈두덩이와 높은 코, 검은 피부 등 어떤 고정관념에 부합하는 외모만으로 냄새나며 더러운 '아랍인'이 되었다.

이유 없는 혐오

이처럼 우리는 일상생활에서 무슬림과 별다른 교류가 없는데도, 그들에 대한 혐오를 품고 있다. 우리 사회의 서구 지향성 때문에 서구의 편견조차 그대로 수용한 결과다. 서구에서 무슬림은 (백인이 만들어낸) 가장 위험한 존재이자 적이다. 무슬림에 대한 한국인의 부정적인 태도 형성에는 미국 대중매체의 영향을 빼놓을 수 없다. 즉 미국 대중문화는 무슬림을 폭력적이고 미개한 존재로 그리곤 하는데, 그들이 만들어낸 전형이 대미 의존도가 큰 우리나라에 그대로 수용된 것이다. 개화기 이후로 계속된 친미·숭미 성향이 무슬림을 자연스럽게 타자화한 셈이다.

흥미로운 점은 미국도 역사적으로 무슬림과 직접적으로 접촉한 적이 없었다는 것이다. 그들 또한 유럽에서 무슬림에 대한 편견을 그대로 이식받았다.[2] 미국 영화에서 무슬림은 가부장적 사회, 핵무기를 보유한 폭력적이고 잔인한 집단 등의 이미지로 표현되는데, 예를 들어 모스크를 배경으로 기도하는 무슬림이 아닌 누군가를 잔인하게 죽이는 무슬림을 비추는 식이다.[3] 그 예를 일부만 나열해보면 이렇다.

- 〈트루 라이즈〉에서 미국 배우 아널드 슈워제네거가 팔레스타인 출신의 테러리스트와 대적하는 장면.
- 〈비상 계엄〉에서 테러에 대비해 아랍계 미국인에 대한 감시를 강화하는 장면.
- 〈아메리칸 스나이퍼〉에서 "무슬림은 모두 잠재적 테러리스트"라는 대사와 함께 미군을 공격하려는 무슬림 여성과 아이를 저격하는 장면.
- 〈런던 해즈 폴른〉에서 주인공이 "빌어먹을 너희 나라로 꺼져라"라고 말하며 무슬림 테러리스트를 사살하는 장면.[4]

이처럼 기독교의 이분법적 관점에서 이슬람은 '타 종교other religion'로, 무슬림은 '나쁜 아랍인bad Arabs'으로 간주된다. 한마디로 '적'으로 상정되는 것이다.[5]

미국 대중문화와 가치관의 압도적인 지배하에 수십 년을 보낸 우리나라는 무슬림에 대한 태도도 미국의 것을 그대로 모방한다. 실제로 우리나라의 언론 매체는 반무슬림 정서를 여과 없이 드러낸다.[6] 무슬림에 대한 기사는 테러 소식을 전하는 게 압도적으로 많다. 연장선에서 명예 살인, 일부다처제, 여성 할례처럼 여성을 억압하는 행태와 관련된 기사 또한 많은 데 반해, 수준 높은 예술과 문화 등을 다룬 기사는 찾아보기 어렵다. 실제로 한국보다 높은 수준으로 여성의 정치 세력화를 달성한 이슬람 국가들이 있고,[7] 여성 할례는 아프리카나 중동의 일부 부족, 또는 국가에서 자행되는 것으로, 전체 무슬림 여성이 당하는 인습이라 할수 없다.[8]

2019년 인천시에 이어 서울시 영등포구 문래동에서도 '붉은 수돗물' 현상이 발생해 시민 불안이 고조되었다. 그러자 2019년 6월 21일 자 《시사뉴스》는 〈문래동도 붉은 수돗물… "일부 이슬람 난민 소행일 수도"〉라는 기사를 내보냈다. 제시한 근거가 구체적이지 않은 데다가, 심지어 해당 기사에서 공공기관 담당자가 무슬림의 소행을 일축했다고 밝히면서도 저렇게 제목을 단 것은 매우 악의적인 인종차별 행위다.[9]

'언론은 그 자체가 능동적인 담론 생산자'[10] 라는 말처럼, 우리나라 언론 매체의 이러한 보도 태도는 무슬림에게 테러 및 여성 억압의 이미지를 덧씌우고, 결국 대중의 의식 깊은 곳에 반무슬림 정서를 새긴다. 서구에서 들어온 기독교에는 우호적이면서, 잘 알지도 못하는 그리고 알아보려고 노력하지도 않는 이슬람에는 부정적인 것 또한 한국식 인종주의의 발현이다.

아무리 무슬림을 중립적인 태도로 대하려고 해도, 계속해서 매우 부정적인 사례들에 노출된다면 편견을 막아내기 힘들 것이다. 언론 매체에 나타난 반무슬림 정서와 유사하게, 심지어 교과서에서도 왜곡된 정형화가 엿보인다. 우리나라의 대부분 교과서는 무슬림을 명예 살인, 테러, 히잡, 여성 억압과 같은 부정적인 내용과 함께 소개한다. 모든 문화가 장단점을 갖고 있고, 무슬림의 문화 또한 여러 차원을 갖고 있는데도, 유독 부정적인 측면만 강조하는 것이다.[11]

> 명예 살인은 대다수의 이슬람의 국가에서 가족, 부족, 공동체의 명예를 더럽혔다는 이유로 조직 내 구성원을 살해하는 행위를 말한다. …… 국제연합의 통계 자료에 따르면 한 해 5000명의 여성이 집안의 명예를 더럽혔다는 이유로 목숨을 잃는다.
> _《중학교 사회 1》, 지학사, 188쪽.

> 히잡 착용 금지, 어떻게 볼 것인가?
> _《중학교 사회 1》, 비상교육, 195쪽.

> 가족의 명예를 지킨다는 명목으로 여성의 생명을 앗아가는 명예 살인도 하나의 문화로서 존중해야 할까?
> _《고등학교 생활과 윤리》, 미래엔, 265쪽.

> 명예 살인을 반대하는 이슬람 여성들의 시위.
> _《고등학교 사회 · 문화》, 금성출판사, 107쪽.

세계 3대 종교로서 이슬람의 영향력이 강력한데도, 관련 문명의 역사와 문화, 인물 등에 관한 정보가 부재하고, 관련 논의는

지극히 편파적이다.[12]

    흑인에 대한 인종차별과 인종 위계화를 미국에서 그대로 이식받은 것처럼 우리는 무슬림을 흑인과 종종 동일시한다. 어느 연구에서 나온 다음 발언을 살펴보자.

> 미국의 깜둥이들 그렇잖아요. 나라에서 주는 돈 받아 타 쓰고 할 일 없고 정력은 남아돌아서 애들은 팍팍 낳으니까 그거 다 미국 정부에서 뒤처리해주잖아요. 우리나라도 곧 그렇게 돼요. 회교 애들, 파키스탄 애들은 정력만 좋단 말이에요. 애는 싸질러놓을 거고 공부는 안 시킬 테니까 걔들 나중에 다 뭐 되겠냐고(참여자 10).[13]

혐오의 회로판

이슬람은 곧 사악하고 폭력적인 종교를, 무슬림은 곧 테러리스트를 자동적으로 떠올리는 연상 작용은 각종 폐해를 낳는다. 2021년 인도네시아의 소셜미디어에서 '#KoreanRacist(한국인 인종주의자)', '#StopAsianHate(아시아인 혐오를 중단하라)'는 해시태그가 유행처럼 번졌다. 한국에 가장 우호적인 국가 중 하나였던 인도네시아에서 이런 일이 벌어진 데는, 그해 열린 도쿄올림픽에 사격 부문 국가 대표 선수로 참가한 진종오의 '테러리스트' 발언이 있었다. 그는 남자 10미터 공기권총 부분에서 금메달을 딴 이란의 자바드 포루기Javad Foroughi가 이란혁명수비대 대원이었다는 이유만으로 "(올림픽) 조직위가 준비를 잘못한 것 같다. 테러리스트가 1위 하는 게 말이 되나"라고 비난했다. 이 발언은 이스라엘의 영자 일간지 《예루살렘 포스트The Jerusalem Post》가 이란혁명수 비대는 미국이 지정한 테러 단체고, 포루기는 한때 그 대원으로 복무했음을 보도한 데 따른 것이었다.

포루기가 2013년 이란혁명수비대에서 의무병으로 복무한 것은 사실이다. 그런데 이란은 우리나라처럼 징병제 국가로서, 성인 남성은 이란이슬람공화국군이나 이란혁명수비대 가운데 한 곳에서 2년간 의무 복무해야 한다. 따라서 미국이 테러 단체로 지정한 곳에서 의무 복무했다는 이유만으로 테러리스트라고 불려야 하느냐는 문제가 제기되었다. 곧 진종오의 발언은 인구의 87퍼센트인 2억 7000만여 명이 무슬림인 인도네시아에서 논란을 일으켰다.[14]

이 사건은 우리 사회에 존재하는 '아랍인(무슬림)=테러리스트'라는 등식이 자동적으로 작동한 결과인데, 이는 꽤 흔한 일이다. 많은 한국인이 머릿속에 무슬림에게 부정적으로 반응하는 '회로판'을 갖고 있다. 사실 2010년대부터 정부는 무슬림 시장을 적극적으로 공략하는 전략을 취해왔다. 2015년 박근혜 정부의 '익산 할랄 식품 단지' 조성, 2016년 대구시와 경상북도 지방자치단체들의 '한국형 할랄 6차 산업' 육성, 2017년 농림축산식품부의 '충청남도 부여 할랄 도축장' 건설, 2017년 강원도의 '할랄타운' 조성, 2018년 평창의 '올림픽 참가 무슬림 선수와 관광객을 위한 이동식 기도실' 설치 등이 그 예다. 그러나 이 사업들은 보수 개신교 세력을 중심으로 한 집단적인 반발로 대부분 좌초되

었다.[15]

　2020년에는 대구시 북구청이 대현동의 경북대학교 서문 인근 주택가에 모스크 건축을 허가하면서 갈등이 불거졌다.[16] 모스크의 외형이 갖춰지기 시작하자 주민들은 북구청에 민원을 넣고, 청와대 국민청원 홈페이지에 '대구 주거밀집지역에 이슬람사원 건립 반대합니다'라는 제목의 청원도 올렸다.[17] 주민들은 재산권 침해와 소음, 음식 냄새 등을 이유로 반대를 이어갔고, 북구청은 공사를 일단 멈추도록 조치했다.[18] 그러자 법원이 절차상 위법을 이유로 해당 조치에 대해 취소 명령을 내렸고, 이후로 찬반 갈등이 1년 넘게 이어지고 있다. 주민들이 막아놓은 공사장 입구에는 이런저런 현수막과 피켓이 놓여 있는데, 그중 하나에 쓰인 문구가 '재산권 침해, 소음, 음식 냄새'라는 명분 근저에 또 다른 이유가 있음을 암시한다.

　모든 이슬람은 테러리스트가 아니지만 모든 테러 분자는 이슬람이다(대현·산격동 주민 일동).

　'잠재적 테러리스트'인 무슬림과 생활세계를 공유할 수 없다는 주민들의 강력한 의지가 잘 드러난다. 만약 교회, 성당, 또는 절이 들어선다고 했을 때도 같은 정도의 격렬한 반대가 터져 나올 것인지 생각해본다면, 이 사건에 무슬림에 대한 한국인의 거부감이 분명 영향을 미치고 있음을 알 수 있다.

난민인가 무슬림인가

무슬림을 바라보는 우리의 시선은 난민에게도 적용된다. '난민=무슬림=범죄자'라는 공식이 우리 사회에 존재하는 것이다. 2018년의 제주도 난민 사태는 우리 사회의 '이슬람 혐오증Islamophobia' 증상을 극적으로 드러냈다. 예멘 출신 난민이 국가 안보에 위협이 된다거나, "난민 1인당 생계비로 138만 원의 세금이 지급되었다", "그들 대부분은 가짜 난민이다" 같은 주장들이 터져 나왔다. 각종 기사가 쏟아지며 대중의 편견에 편승하는 데 그치지 않고 이를 격화했다. 2018년 6월 29일 자《투데이코리아》는 〈예멘 난민 중 '韓 적대시' 무장반군 포함됐나〉라는 기사를 내보냈는데, 정확한 근거는 없고 추측만 가득했다. 2018년 8월 25일 자《중앙SUNDAY》는 〈제주 '예멘 난민' 페북엔 총 든 사진도 있다〉라는 자극적인 제목의 기사를 내보냈다.

이러한 주장은 대부분 사실이 아닌 것으로 확인되었다. 생계비는 난민 1인당 43만 원까지, 5인 이상 가족에게는 138만 원까지 지급했는데, 심사를 거쳐 통과한 경우에만 받을 수 있었다. 실제로 2017년 생계비 신청자 785명 중 436명만이 생계비를 지원받았다. 2018년 제주도에 온 예멘인 중 300명 이상이 생계비를 신청했으나, 심사를 통과해 지급받은 사례는 단 한 건도 없었다.[19] 잠재적 테러리스트이자 범죄자일 것이라는 편견도 현실과 크게 달랐다. 제주도 관계자는 한 인터뷰에서 "난민과 관련된 어떠한 사건, 사고도 들어본 적 없다. 주민들에게 문제가 있다거나 불만이 있다는 이야기도 나온 바 없는 것으로 안다"라고 말했다.

우리나라보다 앞서 난민을 받아들인 유럽 국가들도 대중의 우려와는 달리 난민 대거 유입 후 오히려 범죄율이 감소했다. 유럽연합통계청Eurostat에 따르면 유럽연합EU 27개국의 2018년 강도 건수(경찰 신고 기준)는 2012년 대비 34퍼센트 감소했고, 고의적인 살인 사건도 10년 새 30퍼센트가량 감소한 것으로 나타났다.[20] 즉 난민과 범죄율은 상관관계가 입증되지 않았다.

2021년 8월 아프가니스탄인 391명이 탈레반을 피해 우리나라로 입국했다. 정부는 그들에게 난민이 아니라 '특별기여자'라는 새로운 이름을 붙여 수용했는데, 우리나라에 이바지했으니 수용해야 한다는 당위를 강조해 무슬림에 대한 대중의 혐오를 희석하기 위해서였다. 정부의 이런 노력은 난민들의 '난민성'보다는 그들의 종교와 문화 같은 '무슬림성'을 문제 삼는 반무슬림 정서가 우리 사회에 만연함을 방증한다. 어느새 우리나라에서 이슬람은 민주주의 가치와 양립할 수 없는 오염된 자질로 담론화된 것이다.[21]

무슬림에 대한 혐오의 본질은 '두려움'이다. 우리는 활발히 교류한 적도 없으면서 미국의 편견을 그대로 받아들여 무슬림에게 두려움을 느낀다. 그리고 두려움은 쉽게 혐오로 발화된다. 우리가 한민족이라는 이름하에 똘똘 뭉쳐 정체성을 유지할 수 있었던 것은 일제강점기라는 '상처'를 공유했기 때문인지 모른다. 즉 '우리가 그들에게 당했다'는 생각이 민족적인 '우리'를 만들었다.[22] 이러한 메커니즘을 그대로 적용하면 우리에게 타자화된 집단은 그 '상처' 탓에, 한국인에게 당했다는 생각만으로 더 그들만의 '우리'를 만들 것이다. 이런 상황에서 동화와 평안한 공존은 점점 더 요원한 일이 될 뿐이다. 무슬림이 진정으로 위험한 테러리스트 집단이라면, 18억 명의 신도를 가진 세계 3대 종교의 위상을 유지할 수 없을 것이다. 2018년 기준 우리나라에도 26만 명의 무슬림[23]이 우리와 삶을 공유하고 있다. 그들이 우리에게 위협을 가한 적은 단 한 번도 없음을 잊지 말아야 한다.

한국식 인종주의 그 후

다음 문제를 풀어보자.

> 다음 중 우리 민족에 속하지 않는 사람을 고르시오.
> ① 흑인 혼혈 가수 인순이 ② 백인 혼혈 가수 윤수일
> ③ 필리핀 출신 귀화인이자 전 국회의원 이자스민
> ④ 프랑스 출신 귀화인으로 한국인과 결혼한 이다도시
> ⑤ 한국인 아버지와 동남아시아인 어머니를 둔 아이

사람들은 자신이 가진 인종적 편견과 선호에 따라 나름의 기준을 가지고 답할 것이다. 문제 하나를 더 풀어보자.

> 다음 중 누가 더 '한국적인' 사람인지 고르시오.
> ① 파비앙 코르비노 ② 허준이

파비앙은 우리나라에서 활동하는 프랑스 출신 방송인이다. MBC의 예능 프로그램 〈나 혼자 산다〉 출연을 계기로 대중에게

얼굴이 알려진 그는 한국어 구사 능력이 뛰어나고 한국사에 대한 지식도 수준급이다. 외국인을 대상으로 하는 한국어능력시험에서 최상급인 6급을, 한국사능력검정시험에서도 최상급인 1급을 받았다. '천착', '상춘객', '안평대군' 등 평범한 한국인이 잘 쓰지 않는 수준 높은 단어를 자유자재로 사용하며, 한국사 해설사로도 활동하고 있다. 한국인보다 한국을 더 잘 아는 외국인이라 불릴 만하다.

미국 프린스턴대학교 교수인 허준이는 한국계 미국인 수학자로 2022년 '수학계의 노벨상'이라 불리는 필즈상을 받았다. 그는 1983년 미국에서 태어났지만, 한국에서 초·중·고등학교 및 대학교와 대학원을 졸업했고, 그 후 다시 미국에 정착했다. 우리나라의 수많은 언론 매체가 그의 수상을 대서특필했는데, 기사마다 그를 '한국계', '한인', '동포', '재미 교포', '한국인' 등으로 다르게 표현했다. 그는 부모가 모두 한국인이고, 한국말을 유창하게 구사하며, 한국의 연구 기관에서도 활동한다. 따라서 심정적으로는 '한국인'으로 수용하고 싶으나, 엄밀히 따져 그는 미국 시민권자다. 실제로 국제수학연맹International Mathematical Union, IMU은 그를 미국인 수상자로 분류한다.

공론장에서 대면하는 인종주의

이 문제들에 대한 각자의 '정답'이 무엇이든, 이제는 열린 공론장에서 논의해야 할 때다. 즉 우리 사회에 진득하게 똬리를 틀고 있는 인종주의와 대면해야 한다. 흑인 혼혈인 에스텔 쿡샘슨Estelle

Cooke-Sampson은 1951년, 또는 1952년 부산시 근처에서 태어나 다섯 살 무렵 보육원에 입소했고, 거기서 아프리카계 미국인에게 입양되어 미국으로 건너갔다. 현재 미국에서 개업의로 활동 중인 그는 다음과 같이 말했다.

> 제가 보기에 인종 문제를 바라보는 한국 사람들의 지금 시각은 미국보다 20~25년 정도 뒤처져 있는 것 같아요. …… 한국에 있을 때 가끔 밀쳐질 때가 있는데, 왜 그런 일을 당하는지 잘 알지요. 힐끔힐끔 쳐다보는 사람도 많고, 지하철을 타면 말 그대로 저한테 침을 뱉으면서 의기양양해하는 남자들도 더러 있었습니다. 그래서 놀랐다는 이야기는 아니지만, 여전히 감추는 게 많은 건 사실이에요. 다시 말해 한국전쟁 혼혈아의 역사를 진심으로 대면하지 않고 있다는 겁니다.[1]

감추는 게 많은 나라. 우리가 타자화한 집단들의 역사를 진심으로 반성하지 않는 나라. 이것이 한국을 인종차별 국가라고 부를 수 있는 이유다. 우리나라는 인종차별에 대한 법적 정의나 규정이 없고, 관련 범죄에 대한 통계도 수집하지 않아, 마치 인종차별이 없는 청정 지역인 것처럼 보인다. 하지만 이는 착시일 뿐이다. 한국인의 인종주의는 상당 부분 과거의 역사적 경험을 반영한다. 제국주의 열강의 각축장이 된 지정학적 위치, 준비되지 못한 개항과 식민지로의 전락, 한국전쟁, 급속한 경제성장과 경쟁 제일주의 신화 등으로 점철된 과거는 복잡한 성격의 한국식 인종주의를 낳았다. 시기별로 한국인의 경험은 누적되고 중첩되었으며, 오랫동안 경험한 획일성은 다양한 문화와 집단을 잘 용인하지 않는 허약한 인종 정체성을 갖게 했다. 이러한 역사적 측면을 보지 않는다면, 거듭해서 발생하고 있는 차별과 억압을 단순히 하나의 '사건'이나 '일화'로만 여기게 된다. 인종차별 문제를 근본적으로 해결하기 위해서는 차별하는 사람의 내면세계 깊숙이 자리 잡은 의식과 문화에 주목해야 하며, 그것들은 곧 역사적 구성물이라는 점[2]이 이 책의 문제의식이자 출발점이다.

사실 우리나라도 외국인을 환대했던 과거가 있다. 삼국 시대에는 외국인의 정착을 환영했는데, 그러면서 많은 외래 성씨가 우리나라로 유입되었다. 심지어 그 시조 중 일부는 지배층을 형성하기도 했는데, 대표적인 예로 인도계인 '허황옥許黃玉', 흉노계인 '김알지金閼智', 캄차카반도계인 '석탈해昔脫解' 등이 있었다. 이후 고려 시대에는 대조영의 후예인 '태太' 씨가 편입되기도 했다. 당시에는 '문명화'를 기준으로 차별이 존재해, 중국인은 기본적으로 문명인 대우를 해주었고, 그 밖에 왜인 등은 정착 시 토지와 가옥을 제공해주는 동시에 얼마간 세금까지 면제해주었다.[3]

또한 우리나라는 역사상 수없이 많은 외침과 전쟁을 경험해 사실상 다양한 민족의 피가 섞였고, 발해 유민과 같은 대규모의 인구 유입도 있었다.[4] 따라서 단일민족, 단일인종은 신화일 뿐 사실이 아니다. 즉 우리 민족의 단일성을 정의하려는 시도는 실증적 근거를 찾을 수 없다. 하지만 일제강점기를 거치면서 민족은 신화가 되었고, 순수한 혈통이 절대시 되었다. 게다가 1960년대 이후 급속한 경제성장을 이루면서, 발전주의와 물질주의가 한국인의 생활양식 속으로 깊숙이 스며들었다. 그 결과 출신 국가의 경제력을 따지는 것이 인종차별의 중요한 기준 가운데 하나로 자리 잡았다. 삼국 시대부터 조선 시대까지 존재했던 문명화의 수준에 따른 차별이 모습을 약간 바꿔 다시 회귀한 것이다. 그에 더해 혈통도 차별의 강고한 기준으로 남아, 우리는 그 어느 때보다 강력하고 이중적인 인종차별의 나라를 만들어가고 있다.

더 알면 더 함께할 수 있다
파농은 《검은 피부 하얀 가면》을 끝내며 이렇게 묻는다.

> 타자를 만지고 타자를 느끼며 동시에 타자를 나 자신에게
> 설명하려는 단순한 노력을 왜 그대는 하지 않는가?[5]

타자를 더욱 이해하려는 노력은 그렇게 어려운 일이 아니다. 한국식 인종주의가 형성된 연원을 살펴보면, 그것은 우리에게 자연스럽게, 별다른 노력 없이 스며들었다. 바꿔 말하면 인종주의를 우리 땅에서 없애는 것도 그리 어려운 일이 아닐 수 있다. 이 책은 개화기와 일제강점기에 한국인이 타자에게 당한 차별의 역사를 다시 한번 돌아봄으로써, 현재 우리 안의 타자들을 다른 시각에서 바라볼 계기가 되고자 한다. 즉 우리 역사의 아픈 기억을 돌아보면서, 우리가 왜 인종주의자가 되었는지, 또는 될 수밖에 없었는지를 살펴본다. 이러한 시도는 현재의 우리를 더 잘 이해

하기 위해서인 동시에 상대방을 더 잘 이해하기 위해서다.

국제결혼 업체를 통해 베트남인 여성과 결혼한 한국인 남성 H는 어린 아내와 말다툼을 벌이다가 이제까지 마음에만 품어온 질문을 던졌다. "너 왜 나랑 결혼했냐?" 그랬더니 아내는 "젊은 나이에 외국에 가서 사는 것이 꿈이었다"라고 답했다. H는 스무 살 어린 아내의 입에서 "당신이 좋아서 결혼했다"라는 말이 나오길 내심 기대했는데 그게 아니라서 놀라는 동시에, 자신도 젊은 시절에 해외로 나가 돈 벌고 싶어 했음을 떠올렸다. 그러면서 자신은 용기가 없어 포기한 꿈을 젊은 여성으로서 과감히 실행한 아내가 대단하다고 생각했다. 이렇게 솔직한 이주 동기를 알게 됨으로써 아내를 제대로 이해하고, 또 더 사랑하게 되었다.[6]

H의 경우처럼 스스로와 상대방을 더 잘 이해하려고 노력함으로써 누구나 인종주의자가 아닌 길에 한 걸음 더 가까워질 수 있다. 사실 우리는 우리가 만들어낸 타자들을 잘 모른다. 우리 중에 화교, 혼혈인, 이주노동자, 무슬림 등이 어떻게 해서 한국에 살게 되었는지, 그들의 역사와 문화는 어떠한지 그리고 어떤 생각을 품고 살아가고 있는지 잘 안다고 자신 있게 말할 수 있는 사람이 과연 몇이나 있을까. 우리는 잘 알지도 못하면서, 또한 잘 알지 못하기에 차별한다.

자크 데리다에 따르면 환대hospitality는 조건적 환대와 무조건적 환대로 나뉜다. 조건적 환대는 주인이 정한 기준에 부합하는 타자를 초대invitation해 맞이하는 것이다. 주인의 언어, 전통, 법률, 규범을 받아들인다는 조건에 따른 것으로 제한적인 환대다. 반면 무조건적 환대는 타자가 우리를 방문하는 '방문의 환대 hospitality of visitation'로, 우리와 다른 타자를 조건 없이 그대로 받아들이는 것이다.

2008년 하나금융이 어떤 광고를 게재했다. 베트남인 어머니와 한국인 아버지를 둔 다문화 가족의 아이가 태극기가 꽂힌 독도 그림을 들고 활짝 웃고 있는 모습을 담고 있다. 그 옆으로 다음의 글이 흐른다.[7]

베트남 엄마를 두었지만…
당신처럼 이 아이는 한국인입니다
김치가 없으면 밥을 못 먹고
세종대왕을 존경하고
독도를 우리 땅이라 생각합니다
당신처럼 축구를 보면서 대한민국을 외칩니다
스무 살이 넘으면 군대에 갈 것이고
세금을 내고 투표를 할 것입니다
당신처럼

다문화 가족을 지원한다는 선의로 만든 광고지만, 몇몇 문구가 왠지 마음을 불편하게 한다. '베트남 엄마를 두었지만'이라는 문구는 '~지만'이라는 부사구를 사용해 베트남인 엄마를 둔 것이 장애나 흠결처럼 느껴지게 한다. '김치가 없으면 밥을 못 먹고 세종대왕을 존경하고 독도를 우리 땅이라 생각'한다는 문구는 아이에게서 베트남의 전통, 문화, 가치관을 제거하려는 듯하다. 베트남의 전통 음식 포pho, 베트남의 국기인 금성홍기, 베트남의 위인인 호찌민도 김치, 태극기, 세종대왕과 함께 아이의 정체성을 형성할 수 있어야 하는 것 아닐까.

한국 사회는 이방인에게 어떠한 환대를 보여주었나. 화교, 혼혈인, 이주노동자, 무슬림은 이미 오랫동안 우리 사회의 일원으로 함께 살았으나, 이들에게 우리가 보여준 것은 기껏해야 매우 제한적인 환대에 지나지 않았음을 성찰해야 한다. 그들이 출신 국가의 정체성과 문화를 버리고, 김치를 잘 먹으며, 세종대왕을 존경하고, 독도를 우리 땅이라고 생각해야만 우리는 마지못해 미지근한 환대를 보여주었을 뿐이다.

차별금지법이 필요한 이유

외부의 적은 내부의 동질성에 대한 강력한 욕구를 불러일으킨다. 강력한 외부의 적에게 식민 지배당한 굴욕과 굴곡의 역사를 알기에, 우리 민족끼리 똘똘 뭉치고, 조금이라도 이질적인 존재는 즉시 타자화하는 배제의 관성을 이해 못 하는 것은 아니다. 그러나 지금 우리는 이것저것에 'K'를 붙일 정도로 나라에 대한 자부심을 마음껏 발산하는 시대에 살고 있지 않은가. 더는 강력한 외부의 적을 두려워할 약소국이 아니다. 그런데도 배타성과 폐쇄성이 계속되는 것은 변명할 여지 없이 한국식 인종주의 때문이다.

2011년 7월 노르웨이의 한 청소년 캠프에서 무차별 총기 난사 사건이 발생해 77명이 목숨을 잃었다. 이토록 끔찍한 짓을 자행한 아네르스 베링 브레이비크Anders Behring Breivik는 범행 전 유튜브에 남긴 동영상에서 유럽에 단일문화를 확립하기 위해 일본과 한국을 모델로 삼아야 한다고 주장했다.[8] 광기 어린 극우주의자가 선망할 정도로 우리 사회가 다양성과 다름을 배격하는 배타적인 곳이라는 사실이 매우 충격적이다. 이 또한 자랑스럽지 않은 우리의 모습이다.

우리가 자랑스러워하는 세계적인 축구 선수 박지성, 손흥민에게 누군가가 '칭키'라고 부른다면, 우리는 어떤 반응을 보일까. 당연히 매우 기분 나빠할 것이다. 그나마 다행인 점은 저들이 활동하는 유럽에서는 인종차별 행위를 법으로 엄하게 다스린다는 것이다. 실제로 지난 프리미어리그 2012-13 시즌에서 퀸스파크 레인저스Queens Park Rangers와 에버턴Everton이 경기를 치르는 중에 영국인 남성 윌리엄 블라이싱William Blything이 박지성과 나이지리아 출신의 빅토르 아니체베Victor Anichebe에게 인종차별적인 욕설을 내뱉었다. 블라이싱은 박지성을 향해 "칭키를 끌어내려라"라고, 아니체베를 향해 "빌어먹을 검은 원숭이"라고 소리쳤다. 이에 서부 런던 형사 법원은 블라이싱의 유죄를 인정하고, 벌금 2500파운드(약 426만 원)와 축구장 출입 금지를 선고했다.[9] 이처럼 영국에는 인종차별금지법이 있어 인종이나 출신 국가 등을 이유로 다른 이를 모독하면 처벌받는다.

우리나라는 어떠한가. 후세인, 라건아, 오취리에게 가해진 인종차별적 발언은 '인종차별'로 여겨지지조차 않는다. 영국, 캐나다, 독일은 차별이 이루어지는 다양한 사유, 유형, 행위 등을 고려해 이를 막는 법과 제도를 갖추고 있다. 우리나라는 개별 법들에서 피부색, 인종, 출신 국가, 언어, 종교, 문화 등을 일부 언급하고, 관련 차별을 금지한다고 선언만 하는 수준이다. 차별의 다양한 차원을 모두 고려해 그 유형과 행위 등을 구체적으로 규정하는 법제는 존재하지 않는다. 2007년 처음 발의된 이후 논의만 되고 있는 차별금지법 제정은 더욱 포용적이고 평등한 세상을 만들겠다는 철학의 부재로 계속 표류하고 있다.

인종주의가 만들어지고 유통되며 강화되는 이면에는 정치 지도자들의 책임이 적지 않다. 개화기 지식인들, 일제강점기 민족해방운동가들 그리고 해방 후 이승만, 박정희, 김영삼 등 나름의 지배 이념을 내세운 대통령들은 한국식 인종주의의 토착화에 이바지했다. 그들에게서 시작되어 흘러 내려오는 담론이 대중의 가치관 형성에 미치는 영향력은 지대하며, 따라서 정치 지도자들의 자성이 무엇보다 필요하다. 외국인에 대한 인종차별을 모욕죄로만 간신히 처벌하는 사회는 진정한 민주주의 사회, 열린 사회라고 할 수 없다.

한국의 다문화 담론은 문화적 차이에 대한 인정과 승인보다는 이민 국가로 전환되는 과정에서 대중의 불안을 관리하는 제도로 등장했다.[10] 따라서 한국식 인종주의가 어디서 기원했는지 그 뿌리를 찾는 시도나, 인종주의를 공론화할 자리를 마련하는 시도, 또는 선주민을 교육하고 의식화하는 시도에 별다른 노력을 쏟지 못했다. 인종차별적 발언을 내뱉어도 제대로 된 처벌을 받지 않고, 인종차별과 다양성에 대한 교육도 체계적으로 이루어지지 않는 현재 상황이 계속된다면 한국식 인종주의는 더욱 기괴한 모습으로 진화할 것이다.

새로운 '민족'의 탄생을 꿈꾸며

100년 전에는 국력이 부유한 경제와 강한 군사력을 뜻했다면, 오늘날에는 다원적 시민사회의 존재를 뜻한다.[1] 혹자는 다문화 사회로 급격히 전환되고 있으니, 국격을 위해, 글로벌 시대의 주도권을 잡기 위해 인종차별이 없어져야 한다고 주장한다. 이런 도구적·효용적 관점에서만 인종차별을 이야기하는 것은 그리 바람직하지 않다.

우리도 사람이에요. 함부로 때리면 안 돼요.

앞서 소개한, 베트남 출신 이주노동자를 위한 한국어 교재에 나온 표현이다. 정말로 우리는 모두 다 사람이다. 그리고 모든 사람은 인권을 가지고 있다는 지극히 단순한 명제에서 인종차별 논의는 시작되어야 한다. 우리의 민주주의는 아직 완성되지 않았다. 우리와 오랫동안 삶을 공유하고 있는 외국인을 시민으로서 포용하는 제도와 문화를 갖추는 것이 민주주의를 완성하기 위해 남은 과제다. 친백인성과 반흑인성으로 고착된 사고를 버리고, 서구 중심주의에 갇혀 그들의 인종 위계화마저 그대로 답습한 우리의 모습을 돌아보자.

마지막으로 이런 질문을 던지고 싶다.

꼭 모두 같아야만 하는가.

동질성, 단일민족, 한민족으로서가 아니라 집단 간 차이를
인정하는 차이의 민주주의로 우리 사회가 발전하기를 바란다. 진
정한 의미의 통합이란 동질성을 강조하기보다는 다양성을 존중
하고, 이질적인 구성원 간의 차이를 인정하는 것이기 때문이다.
또한 혈통과 문화적 동질성에 기초한 종족적·혈통적 민족주의
에서 벗어나, 같은 공간에서 함께 오래 살며 역사적 경험을 공유
함으로써 민족을 형성하는 시민적 민족주의를 받아들여야 한다.
'거주한다'는 것은 민족이나 국적만큼 중요하다. 권리와 의무를
가진 시민으로서 공동체의 성원이 되는 것이자, 생활세계를 공유
하는 것이기 때문이다.[12]
　누가 한국인이냐는 질문에 어느 책은 이렇게 답한다. "한국
인이라는 정체성의 본질을 이루는 것은 혈통도 인종도 아닌 근현
대 한반도의 경험에 뿌리를 둔 공동의 역사"라고.[13] 따라서 사실
우리 민족에 속하지 않는 사람을 고르라는 문제는 정답이 없다.
누구든지 이곳에서 함께 살며 같은 경험과 역사를 공유한다면,
모두 우리 민족이라고 할 수 있기 때문이다.
　우리는 150여 년 전부터 지독한 인종주의자였다. 식민 지배
의 경험을 통해 '민족'이라는 전통을 만들었다면, 이제는 '관용'과
'환대'의 전통을 만들 차례다.

들어가며

1 박노자, 2002, 〈한국적 근대 만들기 I-우리 사회에 인종주의는 어떻게 정착되었는가〉,《인물과 사상》0(45), 159.
2 이영환·심상완·김동춘, 2001, 〈한국의 사회변동. 사회문제와 사회정책〉, 이영환 엮음,《한국 시민사회의 변동과 사회문제》, 나눔의집, 17.

1부 인종에 갇힌 역사

1장 개화기: 인종이라는 신문물

1 강동국에 따르면, '인종' 개념은 동아시아 문명권에서 오래전부터 존재했지만, 현재와는 전혀 다르게 '사람의 씨', 또는 '자손'을 뜻했다. 19세기 초 일본에 소개된 이후, 메이지유신을 대표하는 사상가 후쿠자와 유키치의 사설 등에서 인종 개념이 쓰이기 시작하면서 점차 보편적으로 사용되었다. 조선의 경우 유길준(兪吉濬)의《서유견문(西遊見聞)》이 인종 개념을 소개한 초기 저작에 속한다(강동국, 2006, 〈근대 한국의 국민·인종·민족 개념〉,《한국동양정치사상사연구》5(1), 13).
2 장규식, 2004, 〈개항기 개화지식인의 서구체험과 근대인식〉,《한국근현대사연구》0(28), 7.
3 사대 관계는 삼국 시대인 4세기부터 고려 시대인 14세기까지 지배적인 대중(對中) 관계였다. 박충석에 따르면, 사대 관계는 정치적·경제적 예속을 중심으로 하는 식민지적 지배라기보다는, 군사적으로 조성

된 긴장을 완화하고 양국의 관계를 계서적(階序的)으로 정서화(整序化)하는 성격을 띠고 있었다. 이후 조선 시대에 중화 관념이 수용되자 사대 관계는 군사적·외교적 의미가 약해지고, 문화적·이념적 차원의 국제질서로 부각되었다(박충석, 1982, 《한국정치사상사》, 박영사, 57).

4 강정인, 2004, 《서구중심주의를 넘어서》, 아카넷, 135~136.

5 강정인, 위의 책, 135~136; 강정인·안외순, 2000, 〈서구중심주의와 중화주의의 비교연구: 그 전개과정 및 특성을 중심으로〉, 《국제정치 논총》 40(3).

6 길진숙, 2004, 〈《독립신문》·『매일신문』에 수용된 '문명/야만' 담론의 의미 층위〉, 《국어국문학》 136, 321.

7 《한성순보》는 발행 기간이 그리 길지 않지만, 서구의 발전된 문물을 소개하고 세계 각국의 상황을 알려주는 거의 유일한 창구였다. 노대환에 따르면, 《한성순보》의 기사 대부분이 인용문이기는 하나 그 내용에 공감하므로 게재했을 테니, 따라서 당시 개화에 중도적 관점을 품은 인사들의 문명관을 살펴보는 데 유용한 자료다(노대환, 2010, 〈1880년대 문명 개념의 수용과 문명론의 전개〉, 《한국문화》 0(49), 233).

8 박노자·허동현, 2005, 《열강의 소용돌이에서 살아남기》, 푸른역사, 65.

9 길진숙, 앞의 논문, 348.

10 《독립신문》의 국문판 발행 부수는 처음에는 300부였다가 1898년 11월 독립협회 회원이 4173명으로 증가했을 때는 3000부까지 늘었다. 또한 영문판의 구독자 수가 예상외로 급증해 미국, 영국, 러시아, 중국 등에 상당한 부수를 발송했는데, 그 발행 부수가 1898년 1월 기준 약 200부였다. 오늘날처럼 한 사람이 한 부를 읽는 것이 아니라 돌려가며 읽고 때로는 시장에서 낭독했다는 점, 한 부를 최소 200명이 보았다는 기록이 있다는 점 등을 고려하면 실제로 《독립신문》을

접한 사람은 훨씬 많았을 것이다. 더욱 자세한 내용은《한국민족문화대백과사전》'독립신문' 항목 참고할 것(http://encykorea.aks.ac.kr/Contents/SearchNavi?keyword=%EB%8F%85%EB%A6%BD%EC%8B%A0%EB%AC%B8&ridx=0&tot=2255).

11 박노자, 2002, 〈한국적 근대 만들기 I-우리 사회에 인종주의는 어떻게 정착되었는가〉,《인물과 사상》0(45), 169.

12 장규식에 따르면, 개화기에 대미 정책의 주된 흐름은 외교적·물적·인적 지원을 받기 위해 미국과의 유대를 강화하는 것이었다. 1883년 외교사절단인 보빙사(報聘使) 파견, 1888년 워싱턴에 주미 공사관 개설, 미국인 군사고문 초빙, 미국 기업에 각종 이권 양도 등이 대표적인 사례로, 당시 조선은 미국을 일방적으로 사랑했지만, 미국은 조선에서 취할 수 있는 이권에만 관심을 품고 그 외에는 대체로 무관심했다(장규식, 2004, 〈개항기 개화지식인의 서구체험과 근대인식〉,《한국근현대사연구》0(28), 9; 박노자·허동현, 앞의 책, 54~55 재인용).

13 1898년 9월 16일 자《황성신문》에 실린 사설도 미국을 영국과 프랑스에 선망받을 만큼 날로 발전하는 국가라고 칭찬한다. 사설 원문은 다음과 같다. "미국이 개국한 지 거금(距今) 123년이라 세계 각국에 비하면 제일 최신국이로되 풍기(風氣)가 일개(日開)하고 제조(製造)가 일왕(日旺)하야 영국인과 프랑스인이 선모하는 말이 구라파 각국의 진보함은 나무를 땅에 심어서 그 생장함을 바라고 원하는 것과 같고, 미국은 준마에 올라타 탄탄대로를 달리는 것과 같다 하였으니."

14 박노자, 앞의 논문, 160~161.

15 1899년 9월 11일 자《독립신문》에 실린 사설도 인종을 황인, 백인, 흑인, 황적색인, 홍인 등 다섯 가지로 자세히 구분했다.

16 유길준, 1895, 〈인민의 교육〉,《서유견문 3》.

17 《친목회회보》는 1896년 2월부터 1898년 4월까지 대(大)조선인일본유학생친목회가 일본에서 총 여섯 차례 발행한 계간지다. 차배근에

따르면, 전체 기사 건수가 803건에 달했는데, 사설, 논설, 강연 등 전문적 학술 논문과 국제 정세를 담은 외보 등을 담아 개화사상 전파에 큰 역할을 했다. 《독립신문》 등이 《친목회회보》의 발간 소식을 주요 기사로 게재했고, 조선에도 100부 이상 배포되어 개화기 엘리트들에게 큰 영향을 미쳤다(차배근, 2000, 《개화기 일본유학생들의 언론출판 활동 연구 1》, 서울대학교출판부, 115~116).

18 '모범 소수민족'은 사회학자 윌리엄 피터슨(William Petersen)이 만든 용어로, 제2차 세계대전의 적국 출신인데도 특유의 성실함으로 미국에서 사회적·경제적 성공을 일군 일본인들을 가리킨다. 하지만 이러한 시각은 곧 흑인을 문제가 있는 소수민족으로 치부하는 데 쓰여, 소수민족 간 대립 구도를 조장했다. 동시에 소수민족은 어떠한 경우에도 백인을 앞지를 수 없다는 '중간 소수민족'의 시각도 공고해졌다. 이는 미국에서 아시아인은 차별받지 않는다는 환상, 아시아인의 다양성을 무시하는 획일화로 이어져, 오늘날의 '아시아인 혐오 (Asian hate)' 현상을 낳았다(정회옥, 2022, 《아시아인이라는 이유》, 152~179).

19 하상복에 따르면, 일본의 존재는 한국에서 인종 위계화의 참조점이 되었다. 즉 조선과 일본의 관계가 황인은 백인에 근접한 2등 인종이자, 흑인보다 문명화된 인종이라는 위계적 인종 개념을 고착화했다는 것이다(하상복, 2012, 〈황색 피부, 백색 가면: 한국의 내면화된 인종주의의 역사적 고찰과 다문화주의〉, 《인문과학연구》 0(33), 541~542).

20 길진숙, 앞의 논문, 322.

21 다음 원문을 옮긴 것이다. "History tells us that wherever Western civilization has made its appearance, the place was transformed into a new country altogether. ······ We hope the time will soon come when Western civilization will penetrate every corner of the Continent of Asia and make use of the Creator's beautiful

soil for the good of His people the world over."

22 오영섭, 2011, 〈『독립신문』에 나타난 미국인식〉,《한국민족운동사연구》0(67), 6~7.

23 박영효, 1888, 〈건백서(建白書)〉, 295. 〈개화상소(開化上疏)〉, 또는 〈건백서〉라 불리는 이 문서는 박영효가 1888년 초 일본에서 고종에게 올린 상소문이다. 박영효는 13만여 자에 달하는 이 상소문에서 봉건적 신분제의 철폐와 근대적 법치국가 확립에 의한 조선의 자주독립과 부국강병을 주장했다.

24 프란츠 파농, 2013, 이석호 옮김,《검은 피부 하얀 가면》, 인간사랑.

25 Anibal Quijano and Immanuel Wallerstein, 1992, "Americanity as a concept, or the Americas in the modern world-system", *International Social Science Journal* 134, 549~557.

26 당시의 모든 지식인이 인종주의를 수용했다고 주장하는 것은 아니다. 전복희에 따르면, 신채호, 안창호 같은 사람들은 인종 전쟁론에 비판적이었다. 다만 많은 개화기 엘리트의 인종주의적 관점은 거의 대체로 비슷하게 수렴했다(전복희, 1995, 〈19세기말 진보적 지식인의 인종주의적 특성-『독립신문』과 『윤치호일기』를 중심으로-〉,《한국정치학회보》29(1), 127).

27 김경일, 2008, 〈문명론과 인종주의, 아시아 연대론-유길준과 윤치호의 비교를 중심으로〉,《사회와 역사》0(78), 135~136.

28 전복희, 1993, 〈사회진화론의 19세기말부터 20세기초까지 한국에서의 기능〉,《한국정치학회보》27(1), 409.

29 전복희, 1995, 앞의 논문, 144.

30 다음 원문을 옮긴 것이다. "It has often chilled my most sanguine aspirations-the thought that Corea might not be the 'fittest' to 'survive'."

31 1890년 3월 7일 자 일기로, 원문은 이렇다. "미국인은 인디언에게 정

당하지 못한 많은 잘못을 저질렀다. 하지만 인간의 본성이 이기적이며 사악하다고 생각한다면, 강한 인종과 약한 인종 사이에서 그릇됨과 불의가 전혀 없는 거래가 이뤄질 것이라고 기대할 수 없다"(the Americans have done the Indians many unjustifiable wrongs; but taking human nature as it is-selfish and wicked-we can not expect great transactions, between a strong and a weak race, altogether free from wrongs and injustices).

32 윤치호, 2003, 박정신 옮김, 《국역 윤치호 일기 2》, 연세대학교출판부, 73.

33 비쿠 파레크(Bhikhu Parekh)가 자유주의의 문명화 사명은 기독교의 복음화 사명과 궤를 같이한다고 지적했듯이(Bhikhu Parekh, 1996, "Moral Philosophy and Its Anti-pluralist Bias", edited by David Archard, *Philosophy and Pluralism*, Cambridge: Cambridge University Press, 122), 서구 제국주의에는 기독교 전파라는 종교적 열정과 사명이 포함되어 있었다(강정인, 앞의 책, 136).

34 Syngman Rhee, 2001, *The Spirit of Independence*, translated by Hankyo Kim, Honolulu: University of Hawaii Press, 280~283; Philip Jaisohn, Mar. 1896, "What Korea Needs Most," *The Korea Repository*, 14~16; 최영근, 2017, 〈근대 한국에서 기독교와 민족주의 관계 연구: 선교 초기부터 대한민국 정부 수립 시기까지(1884-1948)〉, 《한국기독교신학논총》0(104) 재인용.

35 이종찬에 따르면, 백제 및 신라 시대에 활발했던 이슬람 세계와의 해양 교류가 고려 및 조선 시대에 단절되면서 한국은 더욱 고립되고 폐쇄적으로 되었다. 그는 열대 지역과의 해양 교류를 늘려 이슬람 세계에 더욱 개방적인 문화를 창조해나갈 때 이러한 폐쇄성이 극복될 것으로 보았다(이종찬, 2010, 〈한국 오리엔탈리즘의 中層的 구조: 小中華, 기독교 근본주의, 식민주의〉, 《한국사회학회 사회학대회 논문집》,

567). 뒤에서 논의할 한국의 반무슬림 정서도 이러한 역사적 맥락에서 이해되어야 할 것이다.

36 Frank Cowan, 1892, *The Poetic Works of Frank Cowan*, Greensburgh: The Oliver Publishing House, Vol.1; 이종찬, 위의 논문 재인용.

37 1885년 출간 당시 미국 기독교 지도자들의 필수 도서로 엄청난 인기를 끌었던 조사이아 스트롱(Josiah Strong)의 《우리 조국: 가능한 미래와 현재의 위기(*Our Country: Its Possible Future and Its Present Crisis*)》의 내용이다. 이종찬, 위의 논문 재인용.

2장 일제강점기: 열등감이 빚어낸 '우리' 민족

1 유선영, 1997, 〈황색 식민지의 문화정체성〉, 《언론과 사회》 18, 85.

2 유선영, 2017, 《식민지 트라우마》, 푸른역사, 20.

3 유선영, 앞의 논문, 81.

4 프란츠 파농, 2013, 이석호 옮김, 《검은 피부 하얀 가면》, 인간사랑, 19.

5 유선영, 앞의 책, 7.

6 신분제는 갑오개혁으로, 성차별은 여성 교육의 확대와 여성 운동의 확산으로 약화했다.

7 신공왕후가 신라를 정벌하고 임나일본부를 설치해 200여 년간 통치했으며, 고구려와 백제도 일본에 조공을 바쳤다는 전설이다. 삼한정벌설이라고도 한다.

8 정연태, 2021, 《식민지 민족차별의 일상사》, 푸른역사, 234~235.

9 청일전쟁 이후 중국에 대한 멸시도 시작되었다. 김경일에 따르면, 우등한 백인과 열등한 흑인의 비유가 청일전쟁으로 동아시아에도 적용되었다. 우등한 일본과 열등한 중국이라는 구분이 생겨났고, 일본인은 문명화를 이룬 우수한 인종인 데 반해 중국인은 제일 약한 인종으로 멸시받았다(김경일, 2008, 〈문명론과 인종주의, 아시아 연대론−유

길준과 윤치호의 비교를 중심으로〉,《사회와 역사》0(78), 136).

10 후쿠자와 유키치, 〈탈아론〉, 1885.03.16.,《시사신보(時事新報)》; 정용
화, 2004, 〈한국인의 근대적 자아 형성과 오리엔탈리즘〉,《정치사상
연구》10(1) 재인용.

11 강상중, 1997, 이경덕·임성모 옮김,《오리엔탈리즘을 넘어서》, 이산,
89 재인용.

12 일제강점기하 민족차별의 양상은 정연태의 앞의 책을 참고했다.

13 법적 차별은 식민 지배의 안정화를 위해서 그리고 한국인의 동화를
촉진하기 위해서 조정될 수밖에 없었는데, 특히 3·1운동 이후 다소
완화되었다.

14 정연태가 제시한 '〈표 4-7〉 중등학교 교사의 관행적 민족차별 주요
사례' 중 일부를 선별해 정리했다(정연태, 앞의 책, 200~202).

15 정연태, 위의 책, 205~208. 정연태에 따르면, 일본인 교사가 대다수
인 학교뿐 아니라, 선교사 등이 운영하는 미션스쿨도 오리엔탈리즘적
인 인종 개념을 바탕으로 종교 교육을 강화했다. 이들 미션스쿨의 서
양인 교장들은 한국인을 구원하겠다는 종교적 사명을 내세우며, 일본
인 교장들 못지않게 전제적으로 학교 행정을 운영했고, 민족·인종차
별적 언행을 일삼았다(정연태, 위의 책, 232).

16 박경태, 2009,《인종주의》, 책세상, 77.

17 장인성, 2000, 〈'인종'과 '민족'의 사이: 동아시아연대론의 지역적 정
체성과 '인종'〉,《국제정치논총》40(4), 114.

18 조선헌병대사령부 엮음, 2017, 변주승·이정욱 옮김,《조센징에게 그
러지마!》, 흐름; 정연태의 앞의 책에서 재인용.

19 조선총독부 기관지인《매일신보》는 제외되었다.

20 일본 학자들의 한국인 신체 연구는 다음 논문을 참고했다. 박순영,
2006, 〈일제 식민주의와 조선인의 몸에 대한 "인류학적" 시선: 조선
인 신체에 대한 일제 체질인류학자들의 작업을 중심으로〉,《비교문화

연구》12(2).

21 1918년 《조선휘보(朝鮮彙報)》 제44호에 발표한 논문이다. 박순영, 위의 논문, 69 재인용.

22 박순영, 위의 논문, 84.

23 그들의 연구는 의학 전문지 《랜싯(*The Lancet*)》에 〈상이한 인종 사이의 혈액의 혈청학적 차이: 마케도니아 전선에서의 조사 결과(Serological difference between the blood of different races: the result of researches on Macedonian Front)〉로 게재되었다.

24 정준영, 2012, 〈피의 인종주의와 식민지의학: 경성제대 법의학교실의 혈액형인류학〉, 《의사학》 21(3), 513~549.

25 임종명, 2018, 〈아시아–태평양 전쟁기, 식민지 조선의 인종 전쟁 담론〉, 《史叢》 0(94), 83.

26 그는 재임 기간 중 전쟁강제동원책과 황민화정책을 입안해 '조선의 히틀러'로 불렸으며, 골수 군국주의자로 대륙 침략의 주범이었다.

27 유광렬, 1942, 〈대전후(大戰後)의 세계관(世界觀)〉, 《춘추(春秋)》 2월호; 임종명, 앞의 논문 재인용.

28 한국인과 일본인을 모두 단일한 인종 집단으로 정체화하는 것은 한국인의 항일 민족주의와 항일 투쟁을 약화할 수 있는 도구가 되기도 했다. 다만 이 책에서는 식민 지배하에서 인간을 인종 집단으로 분류하고, '우리화'할 수 없는 집단을 '타자화'하는 인종 중심적 의식 체계에 한국인이 얼마나 많이 노출되었는지를 더욱 강조하고자 한다.

29 윤인진은 한국의 민족주의를 시대별로 구분해, 일제강점기의 저항적 민족주의, 권위주의 정부 시대의 발전론적 민족주의, 민주화와 세계화 시대의 열린 민족주의 및 보편적 세계주의로 나눴다. 이때 각 시대의 민족주 담론은 다음 시대로 넘어간다고 사라지는 것이 아니고, 여전히 존재해 새로운 담론과 혼존하게 된다(윤인진, 2007, 〈한국 민족주의 담론의 전개와 대안적 민족주의의 모색〉, 《한국사회》 8(1),

9~10).

30 Eric Hobsbawm and Terence Ranger eds., 1983, *The Invention of Tradition*, New York: Cambridge University Press.

31 Benedict Anderson, 1983, *Imagined Communties: Reflections on the Origin and Spread of Nationalism*, London: Verso.

32 유선영, 앞의 책, 46.

33 한홍구, 2003,《대한민국사》, 한겨레신문사, 63.

34 이정우, 2006, 〈한국 민족주의의 두 얼굴〉,《시대와 철학》17(1), 211.

35 강상중, 2004, 임성모 옮김,《내셔널리즘》, 이산, 45.

36 Hans Kohn, 1961, *The Idea of Nationalism: A Study in Its Origins and Background*, New York: Macmillan, 15~45.

37 박경태, 2001, 〈소수자 차별의 사회적 원인〉, 이영환 엮음,《한국 시민 사회의 변동과 사회문제》, 나눔의집, 275.

38 이정우, 앞의 논문, 214.

39 프란츠 파농, 앞의 책.

40 조선총독부,《통계연보》, 1932~1942; 유선영, 앞의 논문, 101 재인용.

41 유선영, 위의 논문, 110~111.

42 유선영, 위의 논문, 92~93.

43 유선영, 위의 논문, 85.

44 프란츠 파농, 앞의 책, 131.

3장 한국전쟁기: 피만큼 중요한 반공과 숭미

1 한지수, 1989, 〈지배이데올로기와 재생산메카니즘〉, 한국정치연구회 엮음,《한국정치론》, 백산서당, 206.

2 김동노, 2010, 〈한국의 국가 통치전략으로서의 민족주의〉,《현상과 인식》34(3), 210.

3 김동춘, 1997,《분단과 한국 사회》, 역사비평사, 45~49; 김정훈·조희

연, 2003, 〈지배담론으로서의 반공주의와 그 변화〉, 조희연 엮음, 《한국의 정치사회적 지배담론과 민주주의 동학》, 함께읽는책 재인용.

4 김정훈·조희연, 위의 논문, 125.

5 권혁범, 2000, 《민족주의와 발전의 환상》, 솔, 159~160; 김정훈·조희연, 위의 논문 재인용.

6 프란츠 파농, 2007, 남경태 옮김, 《대지의 저주받은 사람들》, 그린비, 72.

7 신지영, 2021, 〈수용소 이후의 수용소와 인종화된 식민주의〉, 《역사비평》 0(134), 11.

8 홍태영, 2015, 〈'과잉된 민족'과 '찾을 수 없는 개인': 일민주의와 한국민족주의의 특수성〉, 《한국정치연구》 24(3), 90. 이어서 나오는 '과잉된 민족' 또한 이 논문을 참고했다.

9 김수자에 따르면, 일민주의는 논리적 구조를 체계적으로 갖춘 이념이 아니라 이승만의 권력 장악을 위한 정치적 술책에 가까웠다(김수자, 2004, 〈이승만의 一民主義의 제창과 논리〉, 《韓國思想史學》 0(22), 438). 다만 일민주의는 한국전쟁 이후 두드러진 한민족의 과잉 강조와 타자 배제를 상징적으로 잘 보여주기에 이 책에서 중점적으로 다루었다.

10 《한국민족문화대백과사전》 '일민주의' 항목 참고할 것(http://encykorea.aks.ac.kr/Contents/SearchNavi?keyword=%EC%9D%BC%EB%AF%BC%EC%A3%BC%EC%9D%98&ridx=0&tot=1159).

11 이승만, 1949, 《일민주의概述》, 일민주의보급회, 8~9.

12 이승만, 위의 책, 4~6; 양우정, 1949, 《이대통령 건국정치이념》, 연합신문사, 89~90; 김수자, 앞의 논문 재인용.

13 이승만, 위의 책, 9~10.

14 안호상과 함께 일민주의의 이론화를 이끌었던 사람으로 양우정(梁又正)이 있었다. 양우정은 일민주의를 이승만의 건국 이념이라고 주장

했다. 그는 장 자크 루소의 자유주의와 우드로 윌슨의 민족자결주의에 영향받아 일민주의가 만들어졌고, 또한 일민주의는 이를 실현하기 위한 방법론인 민주주의보다 우위에 있다고 주장했다.

15 안호상, 1953,《민주주의의 역사와 종류》, 일민출판사, 7.

16 안호상, 1950,《일민주의의 본바탕》, 일민주의연구원, 22.

17 김수자에 따르면, 일민주의는 이승만 정부 초기에 권력 기반을 강화하는 과정에서 효용성을 상실했으나, 대한국민회 같은 대중 단체의 지도 이념 가운데 하나로 1960년대까지 살아남았다(김수자, 앞의 논문, 438). 또한 안호상은《한백성주의의 본바탕과 가치》(1995, 대한교과서) 등의 책을 펴내며 1990년대까지 일민주의의 이론적 체계화 작업을 계속했다.

18 김수자, 위의 논문, 449~450.

19 안호상, 1950, 앞의 책, 25~26.

20 옥일남, 2017, 〈한국 사회과교육과정의 시기별 특징 고찰: 초·중·고 교수요목기에서 2015개정교육과정기까지〉,《교육과정평가연구》20(1), 65~68.

21 김수자, 앞의 논문, 455.

22 홍태영, 앞의 논문, 98.

23 김수자, 앞의 논문, 457.

24 강정인, 2004,《서구중심주의를 넘어서》, 아카넷, 4.

25 박노자·허동현, 2005,《열강의 소용돌이에서 살아남기》, 푸른역사, 226~227.

26 손호철, 1996, 〈1950년대 한국사회의 이데올로기: 한국전쟁 이후시기를 중심으로〉,《한국정치연구》5, 49.

27 김창남, 2001, 〈해방후 대중문화의 구조적 특성〉, 이영환 엮음,《한국 시민사회의 변동과 사회문제》, 나눔의집, 106~107.

28 김창남, 위의 논문, 103~107.

29 김창남에 따르면, 일제강점기에 들어온 근대적 문물은 대중에게 호기심의 대상이기도 했지만, 반감의 대상이기도 했다. 반면 해방 후 물밀듯 들어온 서양 문물은 '해방군'이라는 미군의 긍정적인 이미지에 힘입어 더욱 쉽게 동경의 대상이 되었다(김창남, 2003, 〈한국 사회의 문화 정체성 갈등과 대중문화 담론〉, 이영환 엮음,《통합과 배제의 사회 정책과 담론》, 함께읽는책, 136).

30 김창남, 2001, 앞의 논문, 105.

31 국가인권위원회, 2019, 〈한국사회의 인종차별 실태와 인종차별철폐를 위한 법제화 연구〉, 12.

4장 경제성장기: 경제력으로 가른 인종의 귀천

1 유사한 용어로 개발주의, 또는 성장주의가 있다.

2 이종일은 이를 '근대화 후 의사 오리엔탈리즘'이라고 부른다(이종일, 2011, 〈한국 인종편견 형성과정과 요인〉,《사회과교육연구》 18(2), 83).

3 이영환·심상완·김동춘, 2001, 〈한국의 사회변동. 사회문제와 사회정책〉, 이영환 엮음,《한국 시민사회의 변동과 사회문제》, 나눔의집, 21~22.

4 유선영, 1997, 〈황색 식민지의 문화정체성〉,《언론과 사회》 18, 102.

5 유선영, 2017,《식민지 트라우마》, 푸른역사, 285.

6 이승만 정부의 경우 경제성장에 관심이 크지 않아, 1950년대의 경제정책은 미국 경제원조의 극대화에만 방점이 찍혀 있었다고 해도 과언이 아니다. 손호철에 따르면, 이승만은 경제적 자립에 대한 문제의식이 전혀 없었던 것은 아니나, 소박한 국산품 애호 운동 수준을 펼치는 정도에 머물렀고, '경제 문제=원조 문제'로 인식하는 경제관을 갖고 있었다(손호철, 1996, 〈1950년대 한국사회의 이데올로기: 한국전쟁 이후시기를 중심으로〉,《한국정치연구》 5, 51~52).

7 연설문 중 "부산의 세 개 화력발전소(개 화력발전소)와 춘천 등의 수

력발전소"라는 대목에서 언급된 세 번의 '발전'은 박정희 정권의 발전
주의를 강조하고자 하는 서술 목적에 맞지 않아 19번이라는 총수에
서 제외했다.

8 행정안전부 대통령기록관 웹사이트 참고할 것(https://www.pa.go.
   kr/research/contents/speech/index.jsp).

9 박정희, 1962, 《우리 민족의 나갈 길: 사회건설의 이념》, 동아출판사,
   17; 김동노, 2010, 〈한국의 국가 통치전략으로서의 민족주의〉, 《현상
   과 인식》 34(3) 재인용.

10 김정훈·조희연, 2003, 〈지배담론으로서의 반공주의와 그 변화〉, 조희
   연 엮음, 《한국의 정치사회적 지배담론과 민주주의 동학》, 함께읽는
   책, 146.

11 김창남, 1995, 〈'유신문화'의 이중성과 대항문화〉, 《역사비평》 0(32),
   124~125.

12 밑줄 표시는 필자.

13 옥일남, 2017, 〈한국 사회과교육과정의 시기별 특징 고찰: 초·중·
   고 교수요목기에서 2015개정교육과정기까지〉, 《교육과정평가연구》
   20(1), 68~69.

14 옥일남에 따르면, 1987년 6월부터 시행된 제5차 교육과정기에 이르
   러서야 중학교 사회과의 교육 목표에서 '국민'이라는 용어가 생략되
   기 시작했다. 1980년대 중·후반 이후부터 시민에 대한 인식이 증가
   하고, 이를 반영해 교육 목표에도 '시민의 자질'이라는 용어가 사용되
   기 시작했다(옥일남, 위의 논문, 72).

15 한만길, 1997, 〈유신체제 반공교육의 실상과 영향〉, 《역사비평》
   0(38), 355~356; 강일국, 2001, 〈해방 이후 국민학교 반공교육의 형
   성〉, 《분단의식, 그 재생산의 구조와 균열(역사문제연구소 심포지엄
   자료집)》; 김정훈·조희연, 앞의 논문 재인용.

16 김연철, 1998, 〈냉전기 통일론의 극복과 탈냉전시대의 새 패러다임〉,

《역사비평》0(44), 71.

17 김정훈·조희연, 앞의 논문, 150.

18 김창남, 2003, 〈한국 사회의 문화 정체성 갈등과 대중문화 담론〉, 이영환 엮음, 《통합과 배제의 사회정책과 담론》, 함께읽는책, 139~140.

19 김창남, 2001, 〈해방후 대중문화의 구조적 특성〉, 이영환 엮음, 《한국 시민사회의 변동과 사회문제》, 나눔의집, 94.

20 이영환·심상완·김동춘, 앞의 논문, 25.

21 정경옥, 2005, 〈한국어에 있어서의 "우리"의 사용에 대하여〉, 《한국어교육》16(3).

22 김현미, 2013, 〈누가 100퍼센트 한국인인가〉, 이주여성인권포럼, 《우리 모두 조금 낯선 사람들》, 오월의봄, 30.

23 이영환·심상완·김동춘, 앞의 논문, 25~26.

5장 세계화 시대: 무한경쟁과 타자 혐오

1 행정안전부 국가기록원 웹사이트 참고할 것(https://theme.archives.go.kr//next/koreaOfRecord/globalTravel.do).

2 김영범에 따르면, 김영삼 정부가 세계화 담론을 제시한 것은 정권이 가진 정치적 한계 때문이었다. 문민정부는 최초의 민선 정부로서 국민에게 큰 기대를 받았으나, 김영삼 정부는 구조상 이 기대에 부응할 만한 의지나 능력이 없었다. 따라서 김영삼 정부는 민주주의의 공고화를 바라는 대중의 요구를 희석하면서도 지지를 유지하기 위해 세계화 전략을 채택했다(김영범, 2003, 〈'국제경쟁' 지배담론 분석: 박정희 정권에서 김대중 정권까지〉, 조희연 엮음, 《한국의 정치사회적 지배담론과 민주주의 동학》, 함께읽는책, 409).

3 조희연, 2003, 〈정치사회적 담론의 구조 변화와 민주주의의 동학〉, 조희연 엮음, 《한국의 정치사회적 지배담론과 민주주의 동학》, 함께읽는책, 83~115. 이전 시대가 보호주의적 개발주의를 추구했다면, 세

계화 담론 이후에는 개방주의적 개발주의를 추구하게 되었다.

4 박호성, 1997,《남북한 민족주의 비교 연구》, 당대, 86; 김영명, 2002,
《우리 눈으로 본 세계화와 민족주의》, 오름, 27.

5 〈김영삼 대통령 취임사('우리 다 함께 신한국으로')〉, 1993.02.25.,《김
영삼대통령연설문집 제1권》, 대통령비서실.

6 〈김영삼 대통령 신경제 특별담화문('신경제로 새로운 도약을')〉, 1993.
03.19.,《김영삼대통령연설문집 제1권》, 대통령비서실.

7 1994.08.15.,《국정신문》; 강명구·박상훈, 1997, 〈정치적 상징과 담
론의 정치: '신한국'에서 '세계화'까지〉,《한국사회학》31(1), 139 재
인용.

8 강명구·박상훈, 위의 논문, 139.

9 1995.02.21.,《노동자신문》; 강명구·박상훈, 위의 논문, 152 재인용.

10 강명구·박상훈, 위의 논문, 144.

11 김종태, 2014, 〈한국 발전주의의 담론 구조: 근대화, 세계화, 선진화
담론의 비교〉,《경제와 사회》0(103), 192.

12 이종영, 2003, 〈정보화의 변증법은 존재하는가〉, 이영환 엮음,《통합
과 배제의 사회정책과 담론》, 함께읽는책, 273.

13 김영범, 앞의 논문, 424.

14 강명구·박상훈, 앞의 논문, 150.

15 김대중, 〈해방 50주년과 민족통일(강릉대학교 총동창회 초청 강연)〉,
1995.01.20.,《김대중도서관자료 2》.

16 김학재·박홍규, 2019, 〈홍익인간 건국이상과 한국정치-김대중의 홍
익인간 인식과 민주주의·민족주의론을 중심으로-〉,《단군학연구》
41, 89~90.

17 김동노, 2010, 〈한국의 국가 통치전략으로서의 민족주의〉,《현상과
인식》34(3), 219.

18 조희연, 앞의 논문, 85.

19 이정우, 2006, 〈한국 민족주의의 두 얼굴〉, 《시대와 철학》 17(1), 223.

6장 'K'의 시대: '멋진' 한국인의 그림자

1 〈"250억 들인 오징어게임, 1조원 넘는 가치 창출"〉, 2021.10.17., 《중앙일보》.
2 정한울, 〈'국뽕' 논란과 '헬조선' 담론을 넘어선 대한민국 자부심: 명과 암〉, 동아시아연구원, 2020.
3 〈타국·타문화 혐오 유발하는 유튜브 '국뽕' 바람〉, 2020.12.06., 《신동아》.
4 〈조롱거리가 된 'K-시리즈'〉, 2021.11.12., 《세계일보》.

2부 멸칭의 행간: 인종, 피부색, 경제력

1장 노란 피부 하얀 가면

1 법무부 웹사이트 참고할 것(https://www.moj.go.kr/moj/2412/subview.do).
2 유승무·이태정, 2006, 〈한국인의 사회적 인정 척도와 외국인에 대한 이중적 태도〉, 《담론201》 9(2), 305.
3 하상복, 2012, 〈황색 피부, 백색 가면: 한국의 내면화된 인종주의의 역사적 고찰과 다문화주의〉, 《인문과학연구》 0(33), 529.
4 Philipp Franz von Siebold, 1832, "Notes on Koorai," *Nippon*, translated by Boudewijn Walraven, 2010, "Korean Studies in Early-Nineteenth Century Leiden," *Korean Studies* 2.2, 79~80; 이효석, 2017, 〈한국인에 대한 황인종 개념의 형성과 내면화 과정 연구〉, 《한국민족문화》 0(64) 재인용.

5 Ernst Jakob Oppert, 1880, *A Forbidden Land: Voyages to the Corea*, London: Samson Law, 7~9; 이효석, 위의 논문 재인용.

6 〈IMF "한국, 코로나 여파로 지난해 세계 10대 경제국 진입〉, 2021.04. 21.,《중앙일보》.

7 〈반창고도 인종차별 산물? '살색 24가지' 크레용 회사의 교훈〉, 2020.05.26.,《중앙일보》.

8 국가인권위원회 부산인권사무소, 2012, 〈(쉬운 말로 읽는)아동권리협약과 이주아동의 인권보호〉.

9 강정인, 2004,《서구중심주의를 넘어서》, 아카넷, 61.

10 장인성, 2000, 〈'인종'과 '민족'의 사이: 동아시아연대론의 지역적 정체성과 '인종'〉,《국제정치논총》40(4), 134.

11 이옥순, 2007,《우리 안의 오리엔탈리즘》, 푸른역사.

12 〈영어 강사 구인 때 "백인만" 인종차별 못 고친 한국사회〉, 2013.12. 26.,《경향신문》.

13 〈KBS 다큐 '호모 미디어쿠스' 포스터 인종차별 논란〉, 2021.02.19.,《국민일보》.

14 국가인권위원회, 2019, 〈한국사회의 인종차별 실태와 인종차별철폐를 위한 법제화 연구〉, 127.

15 〈가난한 나라서 왔다고 홀대…백인보다 같은 아시아인 더 차별 [한국형 외국인 혐오 보고서]〉, 2020.03.25.,《세계일보》.

2장 '흑형': 개인을 집단으로 뭉뚱그리는 반흑인성

1 〈인권위 "피부색 이유로 채용 거절은 고용차별"〉, 2020.02.06.,《한겨레》.

2 〈"까무잡잡하다며 '똥남아인' 깔봐" 일손 돕는 이주민 '내로남불' 비하 심해〉, 2021.05.08.,《중앙SUNDAY》.

3 〈"검둥이XX"…印출신 동료에 '인종차별 욕설'한 유치원 교사〉,

2021.04.13.,《헤럴드경제》.

4 〈귀화선수 라건아 "한국인들에게 인종차별 메시지 많이 받아"〉,
2020.01.16.,《조선일보》.

5 〈라건아 이어 브라운까지…KBL 번지는 인종차별 '미투'〉, 2020.
01.17.,《한국일보》.

6 프란츠 파농, 2013, 이석호 옮김,《검은 피부 하얀 가면》, 인간사랑,
241.

7 마쓰무라 고이치(松村宏一, 주요한의 창씨명), 1943, 〈다섯 가지 사
명〉,《신시대(新時代)》6월 호; 임종명, 2018, 〈아시아-태평양 전쟁기,
식민지 조선의 인종 전쟁 담론〉,《史叢》0(94) 재인용.

8 이원영, 1942, 〈전국의 긴박과 청년에게 요망(戰局の緊迫と靑年への
要望)〉,《동양지광(東洋之光)》3(6); 친일반민족행위진상규명위원회,
2009,《친일반민족행위관계사료집 X》, 친일반민족행위진상규명위원
회, 603~604; 임종명, 위의 논문 재인용.

9 박노자·허동현, 2005,《열강의 소용돌이에서 살아남기》, 푸른역사,
240.

10 강정인, 2004,《서구중심주의를 넘어서》, 아카넷, 49.

11 외교부 웹사이트 참고할 것(https://www.mofa.go.kr/www/wpge/
m_3551/contents.do).

12 〈"흑인 못생겼어!" 6살 아이가 얼굴에 침 뱉고…외국인이 본 한국의
인종차별〉, 2017.08.22.,《코리아헤럴드》.

13 〈냄새나는 한국의 인종차별〉, 2009.08.10.,《한겨레21》제773호.

14 최강민, 2006, 〈단일민족의 신화와 혼혈인〉,《어문론집》35,
299~300.

15 〈길 가던 다문화가정 2세에 "야 코로나!"…인권단체, 모욕죄 고소〉,
2020.12.10.,《연합뉴스》.

16 〈한 이태원 술집이 인도인 입장을 거부해 논란이 일다〉, 2017.06.07.,

《허프포스트코리아》.

17 전경수, 2008, 〈차별의 사회화와 시선의 정치과정론: 다문화가정 자녀에 관한 예비적 연구〉,《한국문화인류학》41(1), 32.

18 〈피부색 다르다고 목욕탕서 내쫓기다니…〉, 2011.10.13.,《한겨레》.

19 〈남탕·여탕, 외국인탕… 목욕탕마저 차별〉, 2014.01.16.,《문화일보》.

20 이정향, 2015, 〈다문화사회에서의 인종차별-일본의 [외국인] 차별사건을 중심으로-〉,《민족연구》0(62), 52.

21 이상록에 따르면, 우리나라에서 차별받는 집단 중 하나인 화교는 법제도적·경제적·문화적 불이익을 받아오면서도 집단적으로 저항한 경우가 거의 없다. 청원이나 반공 대회 등을 제외하고 재한 화교들이 집단적으로 저항한 것은 1965년 중국대사관 매도 계약 성토 대회와 대사관 점거가 거의 유일하다(이상록, 2020, 〈냉전시기 한국 사회의 화교 차별과 경계인으로서의 화교의 삶〉,《구술사연구》11(2), 88).

22 이정향, 앞의 논문, 68.

23 국가인권위원회, 2019, 〈한국사회의 인종차별 실태와 인종차별철폐를 위한 법제화 연구〉, 69. 그 외 '어떻게 대응할지 몰라서'(45.3퍼센트), '보복이 무서워서'(23퍼센트), '통역이 없어서'(21.7퍼센트), '공정하게 대응해줄 것 같지 않아서'(18퍼센트), '알리고 싶지 않아서'(14.9퍼센트) 등이 높은 비율을 보였다(복수 응답 허용).

24 〈'피부색 다르다' 왕따…더 아픈 다문화가정〉, 2012.01.08.,《세계일보》.

25 〈"드디어 내 피부색 반창고"… 존슨앤드존슨 인종 다양성 제품 내놓다〉, 2021.3.30.,《한국일보》.

26 유승무·이태정, 2006, 〈한국인의 사회적 인정 척도와 외국인에 대한 이중적 태도〉,《담론201》9(2), 292.

27 국가통계포털 웹사이트 참고할 것(https://kosis.kr/statHtml/statHtml.do?orgId=101&tblId=DT_2AS017&conn_path=I2).

28 유승무·이태정, 위의 논문, 292.

3장 '짱깨': 국가 폭력의 희생자가 된 화교

1 배상식, 2019, 〈한국사회에서의 인종편견 사례와 그 특성〉, 《대동철학》 89, 172.

2 이종일, 2011, 〈한국 인종편견 형성과정과 요인〉, 《사회과교육연구》 18(2), 80.

3 프란츠 파농, 2013, 이석호 옮김, 《검은 피부 하얀 가면》, 인간사랑.

4 유선영, 2017, 《식민지 트라우마》, 푸른역사, 29.

5 정용화, 2004, 〈한국인의 근대적 자아 형성과 오리엔탈리즘〉, 《정치사상연구》 10(1), 43.

6 Robert N. Bellah, Richard Madsen, William M. Sullivan, Ann Swidler and Steven M. Tipton, 1985, *Habits of the Heart: Individualism and Commitment in American Life*, Berkeley: University of California Press.

7 전형권·김혜련, 2012, 〈다문화시대 한국화교의 사회통합과 '인정의 정치'〉, 《21세기정치학회보》 22(1), 347.

8 Étienne Balibar, 1991, "Is There a 'Neo-Racism'?" in *Race, Nation, Class: Ambiguous Identities*, edited by Etienne Balibar and Immanuel Wallerstein, London: Verso, 21.

9 김현미, 2014, 〈인종주의 확산과 '국가없음'〉, 《[UN 인종차별 특별보고관 방한에 즈음하여] 2014 한국사회 인종차별 실태보고대회 논문집》, 9.

10 박경태, 1999, 〈한국사회의 인종차별: 외국인 노동자, 화교, 혼혈인〉, 《역사비평》 0(48), 190. 이 외에도 여러 학자가 인종 개념에 생물학적·유전적 의미 외에도 사회적·문화적 의미가 내재해 있다고 본다. 예를 들어 폴 C. 테일러(Paul C. Taylor)도 "사회적·문화적 차이가 생

리적·유전적 품종 차이로 바뀜은 초기 근대 인종 프로젝트의 중대한 의미론적 변화"라고 보았다(폴 C. 테일러, 2006, 강준호 옮김,《인종》, 서광사, 94).

11 고자카이 도시아키, 2003, 방광석 옮김,《민족은 없다》, 뿌리와이파리, 44~45; 최강민, 2006, 〈단일민족의 신화와 혼혈인〉,《어문론집》 35 재인용. 최강민은 고자카이의 주장을 혼혈인에 대한 차별과 냉대를 설명하기 위해 사용했다. 혼혈인이 한국 사회에서 차별당한 것은 그들이 (혈통을 제외하고) 언어, 문화 등에서 동질화됨으로써, 단일민족의 정체성에 위기의식을 불러일으켰기 때문이라는 것이다.

12 박경태, 앞의 논문, 195~196.

13 정수열, 2019, 〈한국화교의 다중 정체성 저글링〉,《국토지리학회지》 53(1), 33.

14 장인성, 2000, 〈'인종'과 '민족'의 사이: 동아시아연대론의 지역적 정체성과 '인종'〉,《국제정치논총》 40(4), 119; 박정심, 2007, 〈한국 근대지식인의 "근대성" 인식 I-문명·인종·민족담론을 중심으로〉,《동양철학연구》 0(52), 125~126.

15 윤치호, 1974, 1893.11.01., 국사편찬위원회 엮음,《윤치호 일기 3》, 탐구당, 203~205.

16 윤치호, 1885.02.15.,《윤치호 일기》.

17 윤치호, 1890.02.14.,《윤치호 일기》.

18 박노자·허동현, 2005,《열강의 소용돌이에서 살아남기》, 푸른역사, 167. 각각 순서대로《윤치호 일기》 1884년 1월 4일 자, 1884년 1월 21일 자, 1886년 10월 17일 자에 실린 표현들이다.

19 유길준, 1895, 〈합중국의 여러 큰 도시들〉,《서유견문 19》.

20 박노자와 허동현에 따르면, 윤치호나 서재필 같은 급진 개화파는 극단적인 반청(反淸) 감정을 보였는데, 부패한 청나라를 '약육강식 시대의 부적자(不適者)'로 간주했다. 반면에 온건 개화파는 중국에서 전

기, 전신, 무기 등 근대 문물을 대량 수입하고, 그들의 근대화 경험을 배우자고 주장했다(박노자·허동현, 앞의 책, 166).

21 한홍구, 〈호떡집에 불 지른 수치의 역사〉, 2001.03.22., 《한겨레21》 제350호.

22 이상록, 2020, 〈냉전시기 한국 사회의 화교 차별과 경계인으로서의 화교의 삶〉, 《구술사연구》 11(2), 97~99.

23 양필승·이정희, 2004, 《차이나타운 없는 나라》, 삼성경제연구소, 114~116.

24 장수현, 2001, 〈한국 화교의 사회적 위상과 문화적 정체성〉, 《국제인 권법》 4, 5~6.

25 이상록, 앞의 논문, 106.

26 이상록, 앞의 논문, 106~107.

27 이는 외국인의 국내 부동산 취득을 자유화한 1998년 6월에 폐지되 었다. 그러나 이 조치는 화교의 권익 보호 차원이 아니라, 외환 위기 극복을 위해 외자를 유치해야 했기 때문이다. 외환 위기를 기점으로 경제적 자원으로서 화교에 대한 관심이 높아졌다. 국내 화교가 해외 화교와의 연결 고리 역할을 할 수 있다는 기대감이 생기고, 화교가 지 역 경제를 발전시킬 수 있는 자원으로서 새롭게 부각되자, 지방정부 들이 나서서 차이나타운 건설을 추진했다(장수현, 앞의 논문, 2). 그러 나 이때에도 화교는 대화 파트너나 사업 주체가 아니라 정책 집행의 대상으로만 간주되었다(장수현, 위의 논문, 27).

28 정은주, 2013, 〈차이나타운 아닌 중국인 집거지: 근현대 동아시아 역 학 속에 주조된 서울 화교 집단거주지의 지형〉, 《서울학연구》 0(53), 157.

29 이상록, 앞의 논문, 115.

30 1990년대 말부터 화교학교를 비롯해 모든 외국인학교가 '각종학교' 로 등록되게 되었다.

31 장수현, 앞의 논문, 12.

32 장수현, 위의 논문, 16~17.

33 〈기초생활보장도 못 받는 '137년째 이방인' 화교〉, 2019.02.12.,《한국일보》.

34 전형권·김혜련, 앞의 논문, 349.

35 정수열, 앞의 논문, 33.

36 〈중국동포 많다는 이유만으로… 같은 동네·평수인데 집값 '뚝'〉, 2020.03.24.,《세계일보》.

37 〈"같은 민족 아닌 기생충"…도 넘어선 조선족 혐오〉, 2018.09.07.,《세계일보》.

38 〈'짱X·원숭이' 中·日에 적개심… 미국인 범죄는 피해자 비난 [한국형 외국인 혐오 보고서]〉, 2020.03.23.,《세계일보》.

39 난민인권센터, 2020.07.27., 〈[언론]난민혐오대응: 월간 언론 모니터링 2020년 5월〉.

40 〈'초선족'이라뇨?〉, 2021.04.13.,《경향신문》.

4장 '튀기': 혼혈인 배제로 쌓은 한민족 신화

1 조하나·박은혜, 2013, 〈'혼혈'에 대한 사회적 의미-1950년~2011년 신문기사를 중심으로-〉,《다문화콘텐츠연구》0(14), 369.

2 박종현, 2011, 〈다큐멘터리 사진 속에 나타난 한국 전쟁의 잉여와 상처-혼혈인을 바라보는 한국 사진의 시선〉,《기초조형학연구》12(6), 196.

3 최강민, 2006, 〈단일민족의 신화와 혼혈인〉,《어문론집》35, 290.

4 캐서린 김·체리사 김·소라 김 러셀·메리 김 아널드 엮음, 2020, 강미경 옮김,《인종주의의 덫을 넘어서》, 뿌리의집, 13~14.

5 캐서린 김·체리사 김·소라 김 러셀·메리 김 아널드 엮음, 위의 책, 72~73.

6 최소연, 2020, 〈포용과 배제관점에서 본 혼혈인과 다문화인의 사회적 의미: 1920~2019년 신문기사 분석〉,《미래사회복지연구》11(3), 117.

7 박이진에 따르면, 일본에서도 혼혈인은 미 점령군에 대한 종속을 상징적으로 보여주는 존재, 아픈 과거의 폭력을 환기하는 존재로 간주되어 '소거의 대상'이었다(박이진, 2021, 〈혼혈아 외부화 프로세스와 대중문화-경제성장기 일본사회의 혼혈아 표상〉,《대동문화연구》0(115), 296).

8 최강민, 앞의 논문, 291~292.

9 〈전세기 타고 해외입양 간 '2198+α'명, 잘 살고 있을까〉, 2019.05.13.,《세계일보》. 해당 기사에 따르면 기록이 제대로 남아 있지 않은 시기가 있어 2198명은 확인된 최소한의 아동 수다.

10 '아메라시안'은 'American'과 'Asian'의 합성어로 베트남, 한국, 라오스, 캄보디아, 태국 등의 미국계 혼혈 전쟁고아를 뜻한다.

11 미국으로의 입양 역사에 대해서는《세계한민족문화대전》참고할 것 (http://www.okpedia.kr/Contents/ContentsView?localCode=naw&contentsId=GC95100009).

12 조하나·박은혜, 앞의 논문.

13 최소연, 앞의 논문, 119~120.

14 성공한 해외 입양인에 대한 한국 사회의 과도한 관심은 프랑스에서 동양계로는 최초로 장관을 지낸 플뢰르 펠르랭(Fleur Pellerin, 한국 이름 김종숙)의 경우에서도 잘 드러난다. 국내 언론 매체들은 앞다투어 그의 '성공 신화'를 써 내려갔다. 하지만 그는 "태어난 곳은 한국일지 모르지만 난 뼛속까지 프랑스인입니다. 나를 성공 신화의 주인공으로 봐주는 것은 고맙지만, 나는 한국인이 아니에요"라고 말했다. 몇몇 해외 입양인의 성공 신화에 집착하는 이면에는 우리 사회의 어긋난 인식이 있다.

15 〈펠르랭은 한국인인가, 프랑스인인가?〉, 2012.05.23., 한국기자협회.

16 김수연, 2000, 〈한국의 혼혈인 복지정책에 관한 연구〉, 중앙대학교 석사학위논문, 41.

17 최소연, 앞의 논문, 132.

18 〈인순이의 꿈〉, 2008.03.06.,《경향신문》.

19 〈혼혈이란 편견 '사람이 좋다' 박일준, 이방인으로 살아온 고독한 '인생史'〉, 2019.02.19.,《조선일보》.

20 원숙연이 제시한 포섭과 배제의 기준 가운데 하나다. 원숙연은 세 가지 기준을 제시했는데, 첫째, 포용할 가치나 자격에 대한 사회적 평가, 둘째, 사회에 어느 정도 이바지할 것인지라는 도구적 효용성, 셋째, 사회적 권력에 대한 평가다(원숙연, 2008, 〈다문화주의시대 소수자 정책의 차별적 포섭과 배제: 외국인 대상 정책을 중심으로 한 탐색적 접근〉,《한국행정학보》42(3), 34).

21 2010년 병역법이 개정되면서 1992년 1월 1일 이후 출생자는 피부색에 상관없이 한국 국적이면 모두 병역의 의무를 지게 되었다.

22《한국민족문화대백과사전》 '다문화가족' 항목 참고할 것(http://encykorea.aks.ac.kr/Contents/SearchNavi?keyword=%EB%8B%A4%EB%AC%B8%ED%99%94%EA%B0%80%EC%A1%B1&ridx=0&tot=4069).

23 우리나라의 다문화가족지원법은 다문화 가족을 매우 협소하게 정의한다. 해당 법에서 다문화 가족은 첫째, 결혼 이민자와 출생 시부터 대한민국 국적을 취득한 자로 구성된 가족, 둘째, 귀화 허가를 받은 자와 출생 시부터 대한민국 국적을 취득한 자로 구성된 가족으로 정의된다. 이처럼 한국인과 결혼 관계로 이어진 경우만 다문화 가족으로 인정함으로써, 두 외국인으로 구성된—같은 나라 출신끼리 결혼하거나 서로 다른 나라 출신끼리 결혼해 한국에 정착한—이주민 가족 등은 배제된다. 2012년 국제연합의 인종차별철폐위원회는 다문

화가족지원법이 국내에 존재하고 있는 많은 사람을 배제하고 그들의 통합을 방해하는 등 사실상 차별적인 상황을 초래하는 점에 우려를 표명하며, 다문화 가족의 정의를 확대할 것을 권고했다.

24 국가인권위원회, 2021, 〈공공 홍보물의 인종·이주민 혐오차별 표현 실태 모니터링 결과보고서〉.

25 국가인권위원회, 2019, 〈한국사회의 인종차별 실태와 인종차별철폐를 위한 법제화 연구〉, 6.

26 국가인권위원회, 2021, 앞의 보고서.

27 최소연, 앞의 논문, 127.

28 〈다문화가족 운동회서 "잡종강세"…정헌율 익산시장 사과〉, 2019.06.25., 《서울신문》.

29 〈한국계 여성 의원에 "순종 아니다" 망언, 여과 없이 공중파 탔다〉, 2020.11.06., 《한겨레》.

30 이은경·황현숙, 2016, 〈다문화정책 연구보고서-새로운 모색과 현장의 목소리를 중심으로〉, 희망제작소, 69.

31 Elise Virginia Lemire, 2002, *"Miscegenation": Making Race in America*. Philadelphia: University of Pennsylvania Press; 설동훈, 2007, 〈혼혈인의 사회학: 한국인의 위계적 민족성〉, 《인문연구》 0(52) 재인용.

32 Amin Maalouf, 2001, *In the Name of Identity: Violence and the Need to Belong*, translated by Barbara Bray, New York: Arcade Publishing; 설동훈, 위의 논문 재인용.

33 설동훈, 위의 논문, 129.

34 신문수는 인종 정체성의 규정이 쉽지 않다는 것을 보여주는 단적인 예로 타이거 우즈를 들었다(신문수, 2009, 《타자의 초상》, 집문당, 29).

35 설동훈, 앞의 논문, 141.

36 〈피 한 방울〉, 2013.12.10., 《한국경제》.

37 설동훈, 앞의 논문, 139.

38 〈AFP "韓, 뿌리깊은 인종적 편견…혼혈아에 잡종·튀기라 불러"〉, 2017.07.12.,《헤럴드경제》.

39 〈"백인혼혈은 예능, 동남아혼혈은 다큐"…차별에 멍드는 다문화2세〉, 2021.05.04.,《매일경제》.

40 허오영숙, 2014, 〈결혼이주여성과 인종차별〉,《[UN 인종차별 특별보고관 방한에 즈음하여] 2014 한국사회 인종차별 실태보고대회 논문집》, 29.

5장 '똥남아': 이주노동자 차별은 죽음을 낳는다

1 '칭키'는 '금이 간', '틈새가 많은'이란 뜻의 영어 단어로 가느다란 동양인의 눈을 가리킨다. '슬랜티 아이', '슈림프 아이'도 서구 국가에서 중국인을 비롯한 아시아인을 비하하는 의도로 쓰인다. '칭챙총'은 중국어의 발음을 희화화해 아시아인을 조롱하는 표현이고, '국'은 원래 아시아인을 두루 가리키는 멸칭이지만 최근에는 주로 한국인을 비하할 때 많이 쓰인다. '바나나'는 서양인을 추종하거나 따라 하려는 아시아인을 조롱하는 표현이고, '치가'는 중국을 뜻하는 'Ch~'라는 접두사와 흑인을 비하하는 '니가(nigga)'가 합쳐져 만들어진 멸칭으로, 흑인 문화를 동경하는 아시아인을 가리킨다(〈한국인을 '국(Gook)'이라 부른다, 무슨 뜻인가 했더니…〉, 2020.07.17.,《조선일보》).

2 동남아시아 출신의 결혼 이주 여성의 경우, 한국인 남성과 결혼해 아이를 낳은 만큼 한국 사회가 품어야 할 존재로 여겨지는 반면, 이주노동자는 잠시 우리나라에 머물다가 그들의 나라로 돌아가야 하는 외지인이자 이방인으로 간주된다. 따라서 (결혼 이주 여성에 대한 차별 또한 명백히 존재하지만) 이 책에서는 이주노동자 문제에 초점을 맞추었다.

3 강정인, 2004,《서구중심주의를 넘어서》, 아카넷, 77.

4 강상중, 1997, 이경덕·임성모 옮김, 《오리엔탈리즘을 넘어서》, 이산, 90; 강정인, 위의 책, 77 재인용.

5 대학내일20대연구소, 2013, 〈국내 외국인 유학생의 CAMPUS DIARY: 외국인 유학생 한국 유학생활 만족도 조사〉.

6 방희정, 2008, 〈한국대학생과 국내체류 외국대학생 간 인종에 대한 명시적 및 암묵적 태도의 차이〉, 《한국심리학회지: 사회 및 성격》 22(4), 75~92.

7 〈[사라지지 않는 이주민 혐오] "나는 영원한 이방인입니다"〉, 2018.06.20., 《투데이신문》.

8 이태정, 2005, 〈외국인 이주 노동자의 사회적 배제 연구-"국경 없는 마을" 사례〉, 《사회연구》 6(2), 158.

9 〈'좋아서' 김형범 "사람들이 나를 주당에 골초로 안다"〉, 2009.01.08., 《뉴스엔》; 이정복, 2009, 〈한국 사회의 인종차별적 언어문화에 대한 비판적 분석〉, 《언어과학연구》 0(48), 146 재인용.

10 〈서울 금천구 공장지역에 범죄예방디자인 적용〉, 2014.07.02., 《연합뉴스》.

11 한국형사정책연구원이 2018년 발간한 《한국의 범죄현상과 형사정책 (2017)》에 따르면, 내국인 10만 명당 검거된 범죄자 수가 외국인의 경우보다 두 배 이상 높았다. 즉 인구 대비로 따졌을 때 한국인 범죄자가 외국인 범죄자보다 훨씬 많다.

12 〈'유학생'에 무차별 폭행…커지는 '외국인 혐오'〉, 2019.09.17., MBC.

13 국가인권위원회, 2021, 〈공공 홍보물의 인종·이주민 혐오차별 표현 실태 모니터링 결과보고서〉.

14 배상식, 2019, 〈한국사회에서의 인종편견 사례와 그 특성〉, 《대동철학》 89, 181.

15 한편으로 외국인에 대한 이러한 차별은 자본주의의 모순을 회피하는 용도로 사용되기도 한다. 박경태는 "자본주의의 계급적 불평등이 민

족적·인종적 차별을 통해 걸러지고 매개되면서 희석된다"라고 지적한다(박경태, 2001, 〈소수자 차별의 사회적 원인〉, 이영환 엮음,《한국 시민사회의 변동과 사회문제》, 나눔의집, 281). 즉 우리나라에서 동남아시아 출신 이주노동자는 열악한 근로 환경에서 근무하는 등 자본주의 체제의 계급적 불평등으로 고통받지만, 피부색이 검고 가난한 국가 출신이라는 이유로 가해지는 인종차별 때문에 이러한 모순이 가려진다.

16 국가인권위원회, 2019, 〈한국사회의 인종차별 실태와 인종차별철폐를 위한 법제화 연구〉, 81.

17 국가통계포털 웹사이트 참고할 것(https://kosis.kr/statHtml/statHtml.do?orgId=101&tblId=DT_2AS017&conn_path=I2).

18 〈외화벌이로 점철된 고난과 희생의 서사…그들은 부끄럽지 않았다〉, 2020.11.10.,《경향신문》.

19 〈1970~80년대 중동 건설 붐〉, 2015.04.02.,《경향신문》.

20 〈중동진출 건설업체들 근로기준법 위반 많다〉, 1988.08.25.,《경향신문》.

21 IOM이민정책연구원, 2016, 〈국내 이민자의 경제활동과 경제 기여 효과 정책보고서〉.

22 〈'냄새난다'·'미개하다'… "한국은 차별공화국"〉, 2017.03.20.,《한겨레》.

23 〈한국에서의 4년 9개월, 속헹씨가 죽어간 시간〉, 2021.02.02.,《한국일보》.

24 〈'속헹' 떠난 지 두 달도 안 돼 캄보디아 노동자 또 사망〉, 2021.02.08.,《한국일보》.

25 〈수마에 휩쓸린 컨테이너 속 이주노동자…반복되는 죽음의 사각지대〉, 2022.08.10.,《경향신문》.

26 국가인권위원회, 2013, 〈농축산업 이주노동자 인권상황 실태조사〉,

152. 보고서에 따르면 컨테이너나 패널로 만든 숙소는 외부에 비닐하우스를 둘러친 경우가 많아 비닐하우스라고 답한 4.3퍼센트도 비슷한 형태의 숙소에서 생활하는 것으로 보인다. 따라서 농·축산업에 종사하는 이주노동자의 (67.7퍼센트와 4.3퍼센트를 합한) 72퍼센트는 비닐하우스와 비슷한 형태의 열악한 주거 환경에서 생활한다고 할 수 있다.

27 국가인권위원회, 위의 보고서.

28 〈CCTV에 잡힌 '새우꺾기' 무슨 일이 있었던 걸까〉, 2021.11.09., 《시사IN》 제738호, 35.

29 〈외국인보호소 1년 이상 갇힌 사람만 12명… 교도소 뺨치는 장기 수감〉, 2022.01.17., 《한국일보》.

30 〈"때리지 마세요." 한국어교재 '망신'〉, 2002.11.26., 《한겨레》.

31 2020년 12월 23일 의정부지방법원에서 열린 2심은 실화를 낸 디무두 누완에게 벌금 1000만 원을 선고한 1심 판결을 그대로 유지했다. 이후 누완은 대법원 상고를 포기한 채 귀국했고, 그가 근무했던 회사와 시민단체가 나서서 벌금 마련을 도왔다. 이 판결은 인권변호사 등으로 구성된 이주인권사례연구모임이 해마다 선정하는 '올해(2021년)의 이주인권 걸림돌 판결' 중의 하나로 선정되었다.

6장 '개슬람': 무슬림을 향한 자동화된 혐오

1 이 여론조사는 2021년 11월 26일부터 29일까지, 전국 만 18세 이상 남녀 1000명을 대상으로 진행되었다. 호감도는 감정 온도 방식으로 측정되었으며, 각 종교에 대해 매우 부정적인 감정은 0점, 매우 긍정적인 감정은 100점, 긍정도 부정도 아니라면 50점으로 평가했다.

2 Diana Eck, 2001, *A New Religious America: How a "Christian Country" Has Now Become the World's Most Religiously Diverse Nation*, New York: HarperCollins, 233; 안신, 2010, 〈서양영화의 이슬람 편

견에 대한 연구: 네덜란드 단편영화의 무슬림 폭력화 사례를 중심으로〉,《한국중동학회논총》30(3) 재인용.

3 Jack G. Shaheen, 2001, *Reel Bad Arabs*, New York: Olive Branch Press, 9; 안신, 위의 논문 재인용.

4 〈'이슬라모포비아' 부추기는 할리우드영화〉, 2016.03.09.,《한겨레》.

5 안신, 앞의 논문, 183.

6 정혜실, 2014, 〈미디어 속의 인종주의〉,《[UN 인종차별 특별보고관 방한에 즈음하여] 2014 한국사회 인종차별 실태보고대회 논문집》, 16~18.

7 2018년 기준 아랍에미리트의 여성 국회의원 비율은 중동과 북아프리카의 국가들뿐 아니라 우리나라보다 높은 22.5퍼센트에 달한다. 대통령인 할리파 빈 자이드 나하얀(Khalifa Bin Zayed Al Nahyan)이 2019년부터 국회의원 절반을 여성에게 할당할 것을 지시하는 등 정치 부문에서 여성 참여가 빠르게 확대되고 있다(대외경제정책연구원, 2019, 〈중동주요국의 여성 경제활동 확대 정책과 한국의 협력 방안: 사우디아라비아와 UAE를 중심으로〉, 41). 또한 2021년 튀니지는 이슬람 국가 가운데 최초로 여성 총리를 임명했다.

8 국제연합 총회가 2012년 여성 할례를 인권침해로 규정하고 금지하는 결의안을 채택한 후, 케냐에서 15~19세 할례 경험자의 비율은 1984년 41퍼센트에서 2014년 11퍼센트로, 라이베리아에서는 1983년 72퍼센트에서 2013년 31퍼센트로 감소했다. 2016년 유니세프(UNICEF)가 발간한 보고서에 따르면, 15~49세 할례 경험자의 비율은 소말리아가 98퍼센트로 가장 높고, 그 뒤를 기니(97퍼센트), 지부티(93퍼센트), 시에라리온(90퍼센트), 말리(89퍼센트), 이집트와 수단(각 87퍼센트)이 이었다(〈아프리카·중동 '여성할례' 인습 상존…소말리아는 98%〉, 2018.07.30.,《연합뉴스》).

9 〈아님 말고 식 '난민 혐오 조장 보도'를 멈춰라〉, 2019.06.26., 민주언

론시민연합.

10 박경태, 2003, 〈화교와 인종주의〉, 이영환 엮음, 《통합과 배제의 사회 정책과 담론》, 함께읽는책, 515.

11 이묘랑·차현숙, 2014, 〈교과과정 속의 인종주의 혹은 인종차별〉, 《[UN 인종차별 특별보고관 방한에 즈음하여] 2014 한국사회 인종차별 실태보고대회 논문집》, 25.

12 이묘랑·차현숙, 위의 논문, 25~26.

13 김영숙, 2015, 〈한국의 반다문화 담론 내용 분석〉, 《사회복지연구》 46(3), 145.

14 〈진종오, 금메달리스트에 '테러리스트' 지칭 "사과"〉, 2021.07.31., 《한 국일보》; 〈"한국은 인종차별주의자" 한류 사랑한 인도네시아에 '反韓 역풍'〉, 2021.08.05., 《아시아경제》.

15 〈한국의 무슬림, 공략해야 할 '시장'이거나 퇴출해야 할 '혐오 요소'거 나〉, 2021.08.14., 《프레시안》.

16 〈주택가 소음·악취 VS 무슬림 거부감…대구 이슬람사원, 1년째 갈등 이유는?〉, 2022.02.19., 《중앙일보》.

17 청원은 1만 860명의 동의를 받고 한 달 뒤 종료되었다.

18 북구청이 처음에 모스크 공사를 허락했다가 주민들의 민원을 받자 공사 중지 명령을 내리는 등 일관성 없는 태도를 보임으로써, 혐오 사 건으로 확대되었다는 지적도 있다(〈한국은 이슬람을 받아들일 준비가 되어있는가?〉, 2021.09.18., BBC).

19 〈月생계비 138만원? 예멘 난민에 대한 오해와 진실〉, 2018.06.20., 《조선일보》.

20 〈난민은 세금 축내는 범죄자? 예멘 난민 3년, 제주는 평온하다〉, 2021.07.27., 《중앙일보》.

21 국가인권위원회, 2019, 〈한국사회의 인종차별 실태와 인종차별철폐 를 위한 법제화 연구〉, 17.

22 박노자·허동현, 2005,《열강의 소용돌이에서 살아남기》, 푸른역사, 224.

23 이 중 한국인 무슬림은 약 6만 명이다.

나가며

1 캐서린 김·체리사 김·소라 김 러셀·메리 김 아널드 엮음, 2020, 강미경 옮김,《인종주의의 덫을 넘어서》, 뿌리의집, 414.

2 정연태, 2021,《식민지 민족차별의 일상사》, 푸른역사, 257.

3 이종일, 2011, 〈한국 인종편견 형성과정과 요인〉,《사회과교육연구》18(2), 76.

4 최강민, 2006, 〈단일민족의 신화와 혼혈인〉,《어문론집》35, 288.

5 프란츠 파농, 2013, 이석호 옮김,《검은 피부 하얀 가면》, 인간사랑, 316.

6 김현미, 2014,《우리는 모두 집을 떠난다》, 돌베개, 55~56.

7 김현미, 위의 책, 193.

8 〈노르웨이 극우 테러범 "한국을 모델로 삼아야 한다"〉, 2011.07.25.,《한겨레》.

9 〈[여전히 서러운 다문화 자녀들]〈下〉 인종차별 방지 장치가 없다〉, 2013.05.07.,《동아일보》.

10 김현미, 2014, 〈인종주의 확산과 '국가없음'〉,《[UN 인종차별 특별보고관 방한에 즈음하여] 2014 한국사회 인종차별 실태보고대회 논문집》, 9.

11 박노자·허동현, 2005,《열강의 소용돌이에서 살아남기》, 푸른역사, 47.

12 안미정·우양호, 2016, 〈한국의 다문화사회론과 정주자로서 화교〉,《해항도시문화교섭학》0(15), 155.

13 캐서린 김·체리사 김·소라 김 러셀·메리 김 아널드 엮음, 앞의 책, 9.

강동국, 2006, 〈근대 한국의 국민·인종·민족 개념〉,《한국동양정치사상
　　사연구》5(1), 5~35.

강명구·박상훈, 1997, 〈정치적 상징과 담론의 정치: '신한국'에서 '세계
　　화'까지〉,《한국사회학》31(1), 123~159.

강상중, 1997, 이경덕·임성모 옮김,《오리엔탈리즘을 넘어서》, 이산.

강상중, 2004, 임성모 옮김,《내셔널리즘》, 이산.

강일국, 2001, 〈해방 이후 국민학교 반공교육의 형성〉,《분단의식, 그 재
　　생산의 구조와 균열(역사문제연구소 심포지엄 자료집)》.

강정인, 2004,《서구중심주의를 넘어서》, 아카넷.

강정인·안외순, 2000, 〈서구중심주의와 중화주의의 비교연구: 그 전개
　　과정 및 특성을 중심으로〉,《국제정치논총》40(3), 101~122.

고자카이 도시아키, 2003, 방광석 옮김,《민족은 없다》, 뿌리와이파리.

국가인권위원회 부산인권사무소, 2012, 〈(쉬운 말로 읽는)아동권리협약
　　과 이주아동의 인권보호〉.

국가인권위원회, 2013,《농축산업 이주노동자 인권상황 실태조사》.

국가인권위원회, 2019,《한국사회의 인종차별 실태와 인종차별철폐를
　　위한 법제화 연구》.

국가인권위원회, 2021, 〈공공 홍보물의 인종·이주민 혐오차별 표현 실
　　태 모니터링 결과보고서〉.

권혁범, 2000,《민족주의와 발전의 환상》, 솔.

길진숙, 2004, 〈『독립신문』·『매일신문』에 수용된 '문명/야만' 담론의 의
　　미 층위〉,《국어국문학》136, 321~353.

김경일, 2008, 〈문명론과 인종주의, 아시아 연대론-유길준과 윤치호의

비교를 중심으로〉, 《사회와 역사》 0(78), 129~167.

김대중, 1984, 《옥중서신》, 청사.

김동노, 2010, 〈한국의 국가 통치전략으로서의 민족주의〉, 《현상과 인식》 34(3), 203~224.

김동춘, 1997, 《분단과 한국 사회》, 역사비평사.

김수연, 2000, 《한국의 혼혈인 복지정책에 관한 연구》, 중앙대 석사학위 논문.

김수자, 2004, 〈이승만의 一民主義의 제창과 논리〉, 《韓國思想史學》 0(22), 437~471.

김연철, 1998, 〈냉전기 통일론의 극복과 탈냉전시대의 새 패러다임〉, 《역사비평》 0(44), 66~82.

김영명, 2002, 《우리 눈으로 본 세계화와 민족주의》, 오름.

김영범, 2003, 〈'국제경쟁' 지배담론 분석: 박정희 정권에서 김대중 정권까지〉, 조희연 엮음, 《한국의 정치사회적 지배담론과 민주주의 동학》, 함께읽는책.

김영숙, 2015, 〈한국의 반다문화 담론 내용 분석〉, 《사회복지연구》 46(3), 125~151.

김정훈·조희연, 2003, 〈지배담론으로서의 반공주의와 그 변화〉, 조희연 엮음, 《한국의 정치사회적 지배담론과 민주주의 동학》, 함께읽는책.

김종태, 2014, 〈한국 발전주의의 담론 구조: 근대화, 세계화, 선진화 담론의 비교〉, 《경제와 사회》 0(103), 166~195.

김창남, 1995, 〈'유신문화'의 이중성과 대항문화〉, 《역사비평》 0(32), 121~132.

김창남, 2001, 〈해방후 대중문화의 구조적 특성〉, 이영환 엮음, 《한국 시민사회의 변동과 사회문제》, 나눔의집.

김창남, 2003, 〈한국 사회의 문화 정체성 갈등과 대중문화 담론〉, 이영환 엮음, 《통합과 배제의 사회정책과 담론》, 함께읽는책.

김학재·박홍규, 2019, 〈홍익인간 건국이상과 한국정치-김대중의 홍익인간 인식과 민주주의·민족주의론을 중심으로-〉, 《단군학연구》 41, 61~101.

김현미, 2013, 〈누가 100퍼센트 한국인인가?〉, 이주여성인권포럼 지음, 《우리 모두 조금 낯선 사람들》, 오월의봄.

김현미, 2014, 〈인종주의 확산과 '국가없음'〉, 《[UN 인종차별 특별보고관 방한에 즈음하여] 2014 한국사회 인종차별 실태보고대회 논문집》.

김현미, 2014, 《우리는 모두 집을 떠난다》, 돌베개.

노대환, 2010, 〈1880년대 문명 개념의 수용과 문명론의 전개〉, 《한국문화》 0(49), 221~248.

대외경제정책연구원, 2019, 《중동주요국의 여성 경제활동 확대 정책과 한국의 협력 방안: 사우디아라비아와 UAE를 중심으로》.

대한변호사협회, 2015, 〈외국인보호소 실태조사 결과보고서〉.

박경태, 1999, 〈한국사회의 인종차별: 외국인 노동자, 화교, 혼혈인〉, 《역사비평》 0(48), 189~208.

박경태, 2001, 〈소수자 차별의 사회적 원인〉, 이영환 엮음, 《한국 시민사회의 변동과 사회문제》, 나눔의집.

박경태, 2003, 〈화교와 인종주의〉, 이영환 엮음, 《통합과 배제의 사회정책과 담론》, 함께읽는책.

박경태, 2009, 《인종주의》, 책세상.

박노자, 2002, 〈한국적 근대 만들기 I-우리 사회에 인종주의는 어떻게 정착되었는가〉, 《인물과 사상》 0(45), 158~172.

박노자·허동현, 2005, 《열강의 소용돌이에서 살아남기》, 푸른역사.

박순영, 2006, 〈일제 식민주의와 조선인의 몸에 대한 "인류학적" 시선: 조선인 신체에 대한 일제 체질인류학자들의 작업을 중심으로〉, 《비교문화연구》 12(2), 57~92.

박영효, 1888, 〈건백서(建白書)〉.

박이진, 2021, 〈혼혈아 외부화 프로세스와 대중문화-경제성장기 일본사
　　회의 혼혈아 표상〉, 《대동문화연구》 0(115), 283~311.

박정심, 2007, 〈한국 근대지식인의 "근대성" 인식 I-문명·인종·민족담
　　론을 중심으로〉, 《동양철학연구》 0(52), 111~139.

박정희, 1962, 《우리 민족의 나갈 길: 사회건설의 이념》, 동아출판사.

《박정희대통령연설문집 제1집》, 대통령공보비서관실.

《박정희대통령연설문집 제3집 11월편》, 동아출판사.

박종현, 2011, 〈다큐멘터리 사진 속에 나타난 한국 전쟁의 잉여와 상
　　처-혼혈인을 바라보는 한국 사진의 시선〉, 《기초조형학연구》 12(6),
　　192~200.

박충석, 1982, 《한국정치사상사》, 박영사.

박호성, 1997, 《남북한 민족주의 비교 연구》, 당대.

방희정, 2008, 〈한국대학생과 국내체류 외국대학생 간 인종에 대한 명
　　시적 및 암묵적 태도의 차이〉, 《한국심리학회지: 사회 및 성격》 22(4),
　　75~92.

배상식, 2019, 〈한국사회에서의 인종편견 사례와 그 특성〉, 《대동철학》
　　89, 168~192.

설동훈, 2007, 〈혼혈인의 사회학: 한국인의 위계적 민족성〉, 《인문연구》
　　0(52), 125~160.

손호철, 1996, 〈1950년대 한국사회의 이데올로기: 한국전쟁 이후시기
　　를 중심으로〉, 《한국정치연구》 5, 41~79.

신문수, 2009, 《타자의 초상》, 집문당.

신지영, 2021, 〈수용소 이후의 수용소와 인종화된 식민주의〉, 《역사비
　　평》 0(134), 10~61.

안미정·우양호, 2016, 〈한국의 다문화사회론과 정주자로서 화교: 정체
　　성과 공동체를 중심으로〉, 《해항도시문화교섭학》 0(15), 149~176.

안신, 2010, 〈서양영화의 이슬람 편견에 대한 연구: 네덜란드 단편영

화의 무슬림 폭력화 사례를 중심으로〉, 《한국중동학회논총》 30(3), 165~190.

안호상, 1950, 《일민주의의 본바탕》, 일민주의연구원.

안호상, 1953, 《민주주의의 역사와 종류》, 일민출판사.

양우정, 1949, 《이대통령 건국정치이념》, 연합신문사.

양필승·이정희, 2004, 《차이나타운 없는 나라》, 삼성경제연구소.

오영섭, 2011, 〈『독립신문』에 나타난 미국인식〉, 《한국민족운동사연구》 0(67), 5~36.

옥일남, 2017, 〈한국 사회과교육과정의 시기별 특징 고찰: 초·중·고 교수요목기에서 2015개정교육과정기까지〉, 《교육과정평가연구》 20(1), 57~86.

원숙연, 2008, 〈다문화주의시대 소수자 정책의 차별적 포섭과 배제: 외국인 대상 정책을 중심으로 한 탐색적 접근〉, 《한국행정학보》 42(3), 29~49.

유광렬, 1942, 〈대전후(大戰後)의 세계관(世界觀)〉, 《춘추(春秋)》 2월 호.

유길준, 1895, 《서유견문(西遊見聞)》.

유선영, 1997, 〈황색 식민지의 문화정체성〉, 《언론과 사회》 18, 81~122.

유선영, 2017, 《식민지 트라우마》, 푸른역사.

유승무·이태정, 2006, 〈한국인의 사회적 인정 척도와 외국인에 대한 이중적 태도〉, 《담론201》 9(2), 275~311.

윤인진, 2007, 〈한국 민족주의 담론의 전개와 대안적 민족주의의 모색〉, 《한국사회》 8(1), 5~30.

윤치호, 1974, 국사편찬위원회 엮음, 《윤치호 일기 3》, 탐구당.

윤치호, 2003, 박정신 옮김, 《국역 윤치호 일기 2》, 연세대학교출판부.

이광수, 1922, 〈민족개조론〉, 《개벽》 5월 호.

이묘랑·차현숙, 2014, 〈교과과정 속의 인종주의 혹은 인종차별〉, 《[UN 인종차별 특별보고관 방한에 즈음하여] 2014 한국사회 인종차별 실태보고대회 논문집》.

IOM이민정책연구원, 2016, 〈국내 이민자의 경제활동과 경제 기여 효과 정책보고서〉.

이상록, 2020, 〈냉전시기 한국 사회의 화교 차별과 경계인으로서의 화교의 삶〉, 《구술사연구》 11(2), 83~136.

이승만, 1949, 《일민주의槪述》, 일민주의보급회.

이영환 엮음, 2001, 《한국 시민사회의 변동과 사회문제》, 나눔의집.

이영환·심상완·김동춘, 2001, 〈한국의 사회변동. 사회문제와 사회정책〉, 이영환 엮음, 《한국 시민사회의 변동과 사회문제》, 나눔의집.

이옥순, 2007, 《우리 안의 오리엔탈리즘》, 푸른역사.

이원영, 1942, 〈전국의 긴박과 청년에게 요망(戰局の緊迫と靑年への要望)〉, 《동양지광(東洋之光)》 3(6); 친일반민족행위진상규명위원회, 2009, 《친일반민족행위관계사료집 X》, 친일반민족행위진상규명위원회, 603~604.

이은경·황현숙, 2016, 〈다문화정책 연구보고서-새로운 모색과 현장의 목소리를 중심으로〉, 희망제작소.

이정복, 2009, 〈한국 사회의 인종차별적 언어문화에 대한 비판적 분석〉, 《언어과학연구》 0(48), 125~158.

이정우, 2006, 〈한국 민족주의의 두 얼굴〉, 《시대와 철학》 17(1), 209~243.

이정향, 2015, 〈다문화사회에서의 인종차별-일본의 [외국인] 차별사건을 중심으로-〉, 《민족연구》 0(62), 50~71.

이종영, 2003, 〈정보화의 변증법은 존재하는가〉, 이영환 엮음, 《통합과 배제의 사회정책과 담론》, 함께읽는책.

이종일, 2011, 〈한국 인종편견 형성과정과 요인〉, 《사회과교육연구》 18(2), 73~89.

이종찬, 2010, 〈한국 오리엔탈리즘의 中層的 구조: 小中華, 기독교 근본주의, 식민주의〉,《한국사회학회 사회학대회 논문집》, 553~568.

이태정, 2005, 〈외국인 이주 노동자의 사회적 배제 연구-"국경 없는 마을" 사례〉,《사회연구》6(2), 139~178.

이효석, 2017, 〈한국인에 대한 황인종 개념의 형성과 내면화 과정 연구〉,《한국민족문화》0(64), 145~167.

임종명, 2018, 〈아시아-태평양 전쟁기, 식민지 조선의 인종 전쟁 담론〉,《史叢》0(94), 81~147.

임지연, 1999,《민족주의는 반역이다》, 소나무.

장규식, 2004, 〈개항기 개화지식인의 서구체험과 근대인식〉,《한국근현대사연구》0(28), 7~34.

장수현, 2001, 〈한국 화교의 사회적 위상과 문화적 정체성〉,《국제인권법》4, 1~30.

장인성, 2000, 〈'인종'과 '민족'의 사이: 동아시아연대론의 지역적 정체성과 '인종'〉,《국제정치논총》40(4), 111~138.

전경수, 2008, 〈차별의 사회화와 시선의 정치과정론: 다문화가정 자녀에 관한 예비적 연구〉,《한국문화인류학》41(1), 9~45.

전복희, 1993, 〈사회진화론의 19세기말부터 20세기초까지 한국에서의 기능〉,《한국정치학회보》27(1), 405~425.

전복희, 1995, 〈19세기말 진보적 지식인의 인종주의적 특성-『독립신문』과 『윤치호일기』를 중심으로-〉,《한국정치학회보》29(1), 125~145.

전형권·김혜련, 2012, 〈다문화시대 한국화교의 사회통합과 '인정의 정치'〉,《21세기정치학회보》22(1), 333~357.

정경옥, 2005, 〈한국어에 있어서의 "우리"의 사용에 대하여〉,《한국어교육》16(3), 403~422.

정보통신부, 2001,《한국정보통신 20세기사》.

정수열, 2019, 〈한국화교의 다중 정체성 저글링〉,《국토지리학회지》

53(1), 31~43.

정연태, 2021, 《식민지 민족차별의 일상사》, 푸른역사.

정용화, 2004, 〈한국인의 근대적 자아 형성과 오리엔탈리즘〉, 《정치사상연구》 10(1), 33~54.

정은주, 2013, 〈차이나타운 아닌 중국인 집거지: 근현대 동아시아 역학 속에 주조된 서울 화교 집단거주지의 지형〉, 《서울학연구》 0(53), 129~175.

정준영, 2012, 〈피의 인종주의와 식민지의학: 경성제대 법의학교실의 혈액형인류학〉, 《의사학》 21(3), 513~549.

정혜실, 2014, 《[UN 인종차별 특별보고관 방한에 즈음하여] 2014 한국사회 인종차별 실태보고대회 논문집》.

조선헌병대사령부 엮음, 2017, 이정욱·변주승 옮김, 《조센징에게 그러지마!》, 흐름.

조하나·박은혜, 2013, 〈'혼혈'에 대한 사회적 의미-1950년~2011년 신문기사를 중심으로-〉, 《다문화콘텐츠연구》 0(14), 367~407.

조희연, 2003, 〈정치사회적 담론의 구조 변화와 민주주의의 동학〉, 조희연 엮음, 《한국의 정치사회적 지배담론과 민주주의 동학》, 함께읽는책.

차배근, 2000, 《개화기 일본유학생들의 언론출판활동 연구 1》, 서울대학교출판부.

최강민, 2006, 〈단일민족의 신화와 혼혈인〉, 《어문론집》 35, 287~314.

최소연, 2020, 〈포용과 배제관점에서 본 혼혈인과 다문화인의 사회적 의미: 1920~2019년 신문기사 분석〉, 《미래사회복지연구》 11(3), 103~141.

최영근, 2017, 〈근대 한국에서 기독교와 민족주의 관계 연구: 선교 초기부터 대한민국 정부 수립 시기까지(1884-1948)〉, 《한국기독교신학논총》 0(104), 131~174.

캐서린 김·체리사 김·소라 김 러셀·메리 김 아널드 엮음, 2020, 강미경 옮김, 《인종주의의 덫을 넘어서》, 뿌리의집.

테일러, 폴 C., 2006, 강준호 옮김, 《인종》, 서광사.

파농, 프란츠, 2007, 남경태 옮김, 《대지의 저주받은 사람들》, 그린비.

파농, 프란츠, 2013, 이석호 옮김, 《검은 피부 하얀 가면》, 인간사랑.

하상복, 2012, 〈황색 피부, 백색 가면: 한국의 내면화된 인종주의의 역사적 고찰과 다문화주의〉, 《인문과학연구》 0(33), 525~556.

한국군사혁명사 편찬위원회, 1963, 《한국군사혁명사》 제1집(하), 동아서적.

한국형사정책연구원, 2018, 《한국의 범죄현상과 형사정책(2017)》.

한만길, 1997, 〈유신체제 반공교육의 실상과 영향〉, 《역사비평》 0(38), 333~347.

한지수, 1989, 〈지배이데올로기와 재생산메카니즘〉, 한국정치연구회 엮음, 《한국정치론》, 백산서당.

한홍구, 2001, 〈호떡집에 불 지른 수치의 역사〉, 《한겨레21》 제350호.

한홍구, 2003, 《대한민국사》, 한겨레신문사.

허오영숙, 2014, 〈결혼이주여성과 인종차별〉, 《[UN 인종차별 특별보고관 방한에 즈음하여] 2014 한국사회 인종차별 실태보고대회 논문집》.

홍태영, 2015, 〈'과잉된 민족'과 '찾을 수 없는 개인': 일민주의와 한국 민족주의의 특수성〉, 《한국정치연구》 24(3), 87~112.

Anderson, Benedict, 1983, *Imagined Communties: Reflections on the Origin and Spread of Nationalism*, London: Verso.

Balibar, Étienne, 1991, "Is There a 'Neo-Racism'?" in *Race, Nation, Class: Ambiguous Identities*, edited by Etienne Balibar and Immanuel Wallerstein, London: Verso.

Bellah, Robert N., Madsen, Richard, Sullivan, William M., Swidler, Ann and

Tipton, Steven M., 1985, *Habits of the Heart: Individualism and Commitment in American Life*, Berkeley: University of California Press.

Cowan, Frank, 1892, *The Poetic Works of Frank Cowan*, Greensburgh: The Oliver Publishing House, Vol. 1.

Eck, Diana, 2001, *A New Religious America: How a "Christian Country" Has Now Become the World's Most Religiously Diverse Nation*, New York: HarperCollins.

Hirschfeld, Ludwick and Hirschfeld, Hanna, 1919, "Serological Difference Between the Blood of Different Races: the Result of Researches on Macedonian Front", *The Lancet* 194(5016), 675~679.

Hobsbawm, Eric and Ranger, Terence, 1983, *The Invention of Tradition*, New York : Cambridge University Press.

Jaisohn, Philip, Mar. 1896, "What Korea Needs Most", *The Korea Repository*.

Kohn, Hans, 1961, *The Idea of Nationalism: A Study in Its Origins and Background*, New York: Macmillan.

Lemire, Elise Virginia, 2002, *"Miscegenation": Making Race in America*, Philadelphia: University of Pennsylvania Press.

Maalouf, Amin, 2001, *In the Name of Identity: Violence and the Need to Belong*, translated by Barbara Bray, New York: Arcade Publishing.

Oppert, Ernst Jakob, 1880, *A Forbiden Land: Voyages to the Corea*, London: Samson Law.

Parekh, Bhikhu, 1996, "Moral Philosophy and Its Anti-pluralist Bias", edited by David Archard, *Philosophy and Pluralism*, Cambridge: Cambridge University Press, 117~134.

Quijano, Anibal and Wallerstein, Immanuel, 1992, "Americanity as a concept, or the Americas in the modern world-system", *International Social Science Journal* 134, 549~557.

Rhee, Syngman, 2001, *The Spirit of Independence*, translated by Hankyo Kim,

Honolulu: University of Hawaii Press.

Shaheen, Jack G., 2001, *Reel Bad Arabs*, New York: Olive Branch Press.

Siebold, Philipp Franz von, 1832, "Notes on Koorai", *Nippon*, translated by Boudewijn Walraven, "Korean Studies in Early-Nineteenth Century Leiden", *Korean Studies* 2.2, 2010.

Strong, Josiah, 1885, *Our Country: Its Possible Future and Its Present Crisis*, New York: Baker & Taylor.

한 번은 불러보았다

짱깨부터 똥남아까지, 근현대 한국인의 인종차별과 멸칭의 역사

초판 1쇄 인쇄 2022년 9월 20일 **초판 1쇄 발행** 2022년 9월 28일

지은이 정회옥
펴낸이 이승현

편집2 본부장 박태근
지적인 독자 팀장 송두나
편집 김광연
디자인 하은혜

펴낸곳 ㈜위즈덤하우스 **출판등록** 2000년 5월 23일 제13-1071호
주소 서울특별시 마포구 양화로 19 합정오피스빌딩 17층
전화 02) 2179-5600 **홈페이지** www.wisdomhouse.co.kr

ⓒ 정회옥, 2022

ISBN 979-11-6812-433-2 03300

* 이 책의 전부 또는 일부 내용을 재사용하려면 반드시 사전에 저작권자와
  ㈜위즈덤하우스의 동의를 받아야 합니다.
* 인쇄·제작 및 유통상의 파본 도서는 구입하신 서점에서 바꿔드립니다.
* 책값은 뒤표지에 있습니다.